广东省中小学"百千万人才培养工程"
初中理科名教师培养项目丛书

丛书总主编：于 慧 李晓娟

初中数学教与研的探索与实践研究

郑燕穗 著

暨南大学出版社
JINAN UNIVERSITY PRESS

中国·广州

图书在版编目（CIP）数据

初中数学教与研的探索与实践研究/郑燕穗著 . —广州：暨南大学出版社，2023.11
（广东省中小学"百千万人才培养工程"初中理科名教师培养项目丛书/于慧，李晓娟总主编）
ISBN 978 - 7 - 5668 - 3784 - 4

I. ①初…　Ⅱ. ①郑…　Ⅲ. ①中学数学课—教学研究—初中　Ⅳ. ①G633.602

中国国家版本馆 CIP 数据核字（2023）第 190483 号

初中数学教与研的探索与实践研究

CHUZHONG SHUXUE JIAO YU YAN DE TANSUO YU SHIJIAN YANJIU

著　者：郑燕穗

出 版 人：阳　翼
统　　筹：黄　球　潘江曼
责任编辑：康　蕊
责任校对：刘舜怡　林玉翠
责任印制：周一丹　郑玉婷

出版发行：暨南大学出版社（511443）
电　　话：总编室（8620）37332601
　　　　　营销部（8620）37332680　37332681　37332682　37332683
传　　真：（8620）37332660（办公室）　37332684（营销部）
网　　址：http://www.jnupress.com
排　　版：广州良弓广告有限公司
印　　刷：佛山家联印刷有限公司
开　　本：787mm×1092mm　1/16
印　　张：11.75
字　　数：230 千
版　　次：2023 年 11 月第 1 版
印　　次：2023 年 11 月第 1 次
定　　价：49.80 元

前　言

　　数学教育不仅是一种知识的教育，更是一种对学生未来发展的素质教育。为此，教师应改变教学方式，培养学生的创造性思维；要创造出一种更活泼的课堂氛围，突出学生在课堂中的主体地位，这样才能有效地提高初中数学的教学质量。在初中数学的教学过程中，教师不仅要将数学理论和知识传授给学生，还要将他们的学习兴趣激发出来，让他们一直保持一种积极向上的学习态度，这样才能对他们的数学思维进行有效的锻炼，让他们的数学学科核心素养得到提高。

　　本书首先对数学的本质，初中数学教学内容、原则以及目标做了简要介绍；其次阐述了初中数学教学设计的内容，其中包括教学设计的定义、初中数学教学设计的起源与发展、初中数学教学设计的理论依据以及初中数学教学的功能意义；再次分析了初中数学教学设计的内容，让读者对初中数学教学设计有了全新的认识；接着对初中数学与数学文化、信息技术教与研的探索与实践的探索；最后从多维度阐述了核心素养视域下的初中数学教与研的探索与实践及创新研究。本书反映了 21 世纪我国在初中数学教与研应用领域的前沿问题，力求让读者充分认识到初中数学教与研的重要性和必要性。本书兼具理论与实际应用价值，可供广大初中数学教学相关工作者了解和参考。

　　在撰写过程中，笔者参阅了大量的文献资料，引用了诸多专家学者的研究成果，因篇幅有限，不能一一列举，在此一并表示最诚挚的感谢。由于时间仓促，加之笔者水平有限，在撰写过程中难免出现不足，希望各位读者不吝赐教，提出宝贵的意见，以便笔者在今后的学习和工作中加以改进。

郑燕穗

2023 年 9 月 15 日

目 录
CONTENTS

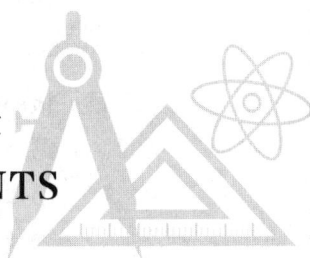

第一章　初中数学概述

第一节　数学的本质

在初中数学教学中，教研是一个基础性的理念，任何一项工作都离不开教研。然而，就教育研究成果而言，却很少有真正能对广大教师起到积极作用的教学成果。因此，教学研究很可能会成为一个虚无缥缈的理念，成为一个徒有其名而无实质的教学环节。

这是怎么回事？笔者认为，造成这一问题的原因有很多，在这些问题中，教师对这一问题的理解尤其不容忽视。笔者从事初中数学教学工作，认为脱离了数学的实质，教学和研究就极易变成空中楼阁。而在现实生活中，还有一种令人迷惑的现象，那就是，数学本质往往是一种高高在上的概念，对于普通一线教师来说，很难接触到它，这就意味着，在实际的教学过程中，数学本质和具体的教学内容之间，似乎没有任何的联系。

一、数学本质是教学研究的源头

在传统意义上，数学教学是以特定的数学知识为教学目标的。比如，对于小学六年级学生来说，"负数"作为一种必修的数学观念，其存在与否，就没有任何争论的余地了。但是，对于负的概念和有理数的运算，由于过于简单，甚至过于常见，往往成为人们所忽略的课题。这是真的吗？笔者还记得以前上课的时候，有学生问笔者："老师，我们为什么要学习负数？""有没有其他方式来表达'负值'？"这些问题有的说得头头是道。更关键的是，这些问题都是学生在学习负数时自然而然地出现的，而对于这些问题，传统的数学教学又不能给予解答，这表明我们在教学和研究中，缺乏对学生需求的有针对性的思考。这样的问题和数学的性质有何关联？

从分析学生的思维模式可以看出，他们实际上是在对负数及其运算进行一种寻根究底式的提问，反映出他们对负数这一概念本质的深刻探究的需要，这个需要或许与负数和导出的数学问题解决无关，但与他们对负数的认识和他们的数学素养有关。通过对问题的解答，使学生加深对数学的认识，使其积极主动地参与数学的研究。而激发学生们对这门课的兴趣，也只是时间问题而已。

就负数的四则运算来说，在四则运算中，学生们最熟悉的应该是"负负得正"，即便是没有学习过负数的学生，也应该听过这个词。"负负得正"从运算学的观点来说，是一件运算学上的事，而正是运算学上的这一概念，一直是教学和研究上的一个薄弱环节。笔者曾多次参与各种级别的教学研究，并多次提出"法律观念备课"的看法，却鲜有人赞同。笔者反省：究竟是自己想得太多，还是他人想得太少？想来想去，还是觉得法律方面的课程是必要的。大家都知道，在初中数学中，从有理数入手，最主要的就是计算规律，"负负得正"虽然只是一句口号，但它其实是人类在日常生活、生产和数学研究中积累出来的一条最简单的有关两个负数相乘的规律。一些学者认为，"负负得正"这一不经过逻辑论证就能得到的规律，是客观世界和数学内在的综合需求的产物，是人类数千年计算实践的结晶，是对"和谐体系"的追寻。

在具体的教学研究中，笔者认为，若能向学生介绍负数这个概念的有关知识，并说明在现实生活中创建负数的必要性，则学生将会意识到提出负数这个概念的必要性，并在此基础上，引导学生想出其他表达"负"的方式，经过对比，我们将会发现，在正数之前加上一个负号是最简单的方式，这正是数学的本质特点。

二、基于数学本质的教学研究与思考

笔者以为，应从数学的本质入手抓住问题的要害。虽然初中数学是比较容易掌握的，但还是具有一定的特点的。如何在看似浅显的基础上，把握其中的精髓，是一线教师面临的一大难题。笔者认为，数学的实质并不像人们所想的那样崇高，从数学的观点来看，数学的方法、数学的思想，都可以被认为是一种实质；数学知识所构成的逻辑，亦可被视为数学的一种本性；数学知识在生产生活中的延伸，也可被视为数学的本质。简言之，只要对数学知识的建构有足够的超越性，并能对其进行恰当的扩展，都可被视为数学的本质。下面笔者通过事例来谈谈浅见。

首先是"负负得正"定律的教学，人教版课本上有一个例题：一只蜗牛沿着一条直线向前爬，此时它所处的位置是 O 点，问出的第四个问题就是：如果这只蜗牛总是以每分钟 2 厘米的速度向左边爬，那么三分钟之前它所处的位置是多少？在这种情况下，将向"左"和"前"定义为"负"，通过逻辑推理，可以得到一个运算步骤和一个结果，步骤是 $(-2) \times (-3)$，而在 O 点右侧 6 厘米的位置，就可以得到 $(-2) \times (-3) = +6$，从而可以得到"负负得正"。

在实际的教学中，这种情况较为简练，适合初入初中学习数学的学生，思维较为顺畅，而且整个过程较为简练，"负负得正"定律的推导也较为顺畅。但是，在实践中，我们经常会发现，尽管学生能够从这种情况下推导出"负负得正"的规律，但他们却并不十分相信它是一条规律，也就是对"负负得正"的认知问题没有得到很好的解答。可以说，这样的情况在数学中是很常见的，很多时候，学生都会在逻辑上难以接受。而造成这种情况的一个重要原因，笔者认为，就是没有从数学的本质出发来进行这方面的教学研究。

对初中生而言，数学的实质不是一种高大上的理论，而是一种与学生的生活密切相关，并能够通过数学抽象或数学建模，获得数学的思维方式，并建立数学认知的过程。在"负负得正"的课堂上，教材中的四道题目实际上不是单独存在的，只有将四道题目当作一个整体来讲，我们才能抓住这个知识的本质。也就是说，对于四种情况，分别得到了"正正得正""正负得负""负正得负""负负得正"的结论，如果再进行深入的研究，会发现这四种情况都是正负二位数之乘，没有一个是不可能的。这种结论是在毫无特例的情况下得出的，其背后隐含着一种逻辑上的必然。再结合例子，学生会发现，刚才的逻辑推理得到的结论与例子是一致的，这说明在现实生活中也是紧密相连的，也就是这个数学规律是能够描述事实的。

从"逻辑上的必然性"和"对生活的准确描述"这两个方面来进行学习，便从根本上把握了学生的思维特征。初中生的数学学习追求的是逻辑性和实用性，这是一个突出的特点。如果一个人的逻辑很好，而且他感觉到数学学习对他的生活很有帮助，那么他就会更容易接受。同时，它也提醒了我们，当我们把数学的实质和数学的教学与研究结合在一起，就是把数学的实质从学术上转移到生活上。教师要擅长把自己所吸收的专业的数学精华，转化成学生可以理解和体验的数学语言，并相应地进行教学，这就是教学研究的过程。

三、数学本质的触摸需紧密联系学生

其实，在上一部分中，已经表达了一个观点，那就是从学生的视角来诠释数学本质。在这里，我们还可以看到另外一层含义，就是说，在教学领域中的数学本质，与在纯粹数学研究方面的数学本质是不同的。在初中的教学过程中，只有当数学的本质可以被学生所感知的时候，它才可以对学生的学习产生引导的影响，这也就是我们常说的"用数学来教学，而不只是教数学"。

因此，从数学的本质出发进行教学研究，就是为了从学生的视角对其进行解读。笔者认为，要达到这个目的，首先要确定两个研究方向：一是以教学内容为研究对象；二是数学教学目标的研究也是一个重要的研究领域。前者是指客观的数学知识，后者是指主观的学生，从客体和主体两个方面进行对数学本质的研究，可以引导初中数学教学以数学本质为主线，从而从质的角度保证有效教学的可行性。更关键的是，它对于凝聚学生的学习动机、提高他们的数学素养有着非常重大的作用，在实际操作中，应该引起重视。

第二节　初中数学教学内容

新一轮基础教育课程改革（简称"新课改"）的深入带来了新的挑战，新的课堂教学模式也随之产生了新的变化。如何吃透并落实课标精神，把握教材设计意图，精心设计教学内容和教学策略，成了摆在广大一线教师面前的一个重要课题。

一、认真研读数学教材，精心设计教学内容

在一堂数学课程中，我们要考虑的第一个问题就是怎样指导学生学习这些知识。数学教学的内容，主要有基本概念、法则、定理等，都是人类对数学的认识，课程内容不仅是"教"，而且是"学"的依据。教师的教学任务是使学生对科技成果的形成和发展有一个清晰的认识，从而使他们在实践中会运用科技成果。在课堂教学目标的指导下，根据初中生的心理特点和认识水平，具体来说，应体现如下标准：

（1）科学的判断准则。在制订教学计划时，应注重教学内容的科学性，确保教学内容的正确性，避免给学生灌输错误的知识。

（2）一种可行的准则。在教学中，教师应根据学生的认识水平，对学生进行教学。因此，在选课程时，应以学生对知识的认知与接受为基础，使其更好地理解与掌握。不能超出或落后于学生的知识水平，否则就很难获得好的教学效果。

（3）教育角色的尺度。在选择课程的时候，要注重发展学生的数学思维等能力，注重培养他们的数学情感和正确的价值观。教师在编制教学计划或学案时，应考虑以下几个问题：哪些内容已经被学生理解，理解到什么程度；对教学目标有较强推动作用的内容，需要"精讲"；哪些是学生已经掌握的，哪些是可以省略的；哪些是难以理解的，哪些是需要进行补充和扩充的；在教学过程中，有哪些教学内容与学生的认识不一致，需要进行相应的调整和完善。总之，根据数学教育规律、课程标准及教科书中所规定的课程内容，教师要对这些课程进行科学、理性的整合与处理，以达到更好的效果。

二、依据教学目标和教材内容，确定教学重点、难点

（一）研读教材，确定重点、难点

每一套教材、每一节课都有自己的重点和难点。教学要点在教学内容中占有举足轻重的位置。例如，在初中数学教科书中，"函数"是一个重要的概念，在其中居于核心位置。八年级课本中，一次函数是一个新的知识点，也是一个重难点问题，给学生学习带来了一定的困难。而九年级的时候要学二次函数、反比例函数，如果八年级的基础不扎实，就会影响二次函数的学习。

所谓教学难点，就是学生在学习过程中遇到了一些困难，或者是不容易掌握的技巧。教师在课堂上遇到的难点，既有课本的深浅，也有学生基础的深浅。高深的知识点往往较为抽象，不利于学生利用形象思维进行学习。所以，在教学中，往往会将难度分布在每一个时期的数学学习中，循序渐进，由浅入深，逐步提高学生的抽象思维能力，从而达到对抽象的数学知识的理解。

（二）分析难点产生原因，运用有效策略加以攻克

造成教学难点的原因是多方面的，归结为以下几个方面：

（1）课程的内容较为抽象，学生的形象思维跟不上，产生了认知上的矛

盾，造成了学习上的困难。对于这种难点，教师在引导学生学习较为抽象的内容时，可以通过多种方式，为学生提供一些直观生动的图像、实物或事例，丰富学生的感官认识，减少理解的难度。比如，在讲勾股定理时，教师可以将"赵爽弦图"的拼图方法教给学生。

（2）由于教学内容较多，而学生的思维局限，使教学变得困难。对于这样的难点，教师还可以设计合理的思维坡度，为学生搭建思维的阶梯，将知识分解为若干部分或若干侧面，引导学生分别去认识，然后再将其结合起来，让学生去理解和掌握。

（3）学生的思维习惯无法跟上知识的加深速度，从而导致学习困难。随着知识的深入，常常会和学生的思维定式发生冲突，从而导致理解困难。比如，因为以前的学生都是以确定性为基础的，所以在"概率"这个概念下，他们很难理解。在这种情况下，教师便可指导学生对新旧知识展开比较，在旧知识的结构体系上，找到新知识的生长点或突破口，将新旧知识之间的联系与区别搞清楚，并对新知识的特征进行分析，进而帮助学生掌握新知识，并运用新知识。

（4）随着教学过程的深入、教材内容的增加，知识的综合性变得更强，但学生的知识面却相对较窄，无法从更宽广、更灵活的角度去理解新知识，从而产生了认知上的困难。这些困难往往发生在一些应用性问题或者是一些综合性问题上。如果学生不了解问题的真实背景，或者不了解有关的知识，不能将知识与知识之间的关系建立起来，不会综合应用有关的知识来对目前的问题进行分析，就会产生障碍。这个时候，教师可以添加一些相关的东西，拓宽学生的知识面，为他们指明思路，这样就能将困难的问题解决。

对教材的理解和运用，是教师进行教学的第一要务。只有通过持续地对这些知识进行深入的研究，教师才能真正理解课程标准的精神，对教材进行正确的理解，对教学内容进行准确的定位，掌握好重点和难点，进行科学的教学设计，以更有针对性的方式来推动教学目标的实现，进而提升教学效率，培养学生的数学能力。

三、初中数学教学内容的呈现方式

新一轮的课改，突出了在教学活动中，教师不仅是教学活动的组织者和实践者，而且是科研和发展的主体。如何在新课标背景下，根据课程标准，根据学生的实际需要，创造性地对教材中的内容进行必要的补充、删除和加工，使教材中的内容高效、合理地组织和呈现，更好地建构学生的认知结构，更好地提高其科学素养，是一个值得广大数学教师思考和探讨的问题。

（一）教学内容的经验化方式

在讲授过程中，教师应针对学生现有的知识状态，通过回顾、提示、铺垫、拓展等方法，使与所学新知识相关的旧知识得到有效的活化，并从学生现有的知识经历中找到新的"支撑点"，搭建起一条新的"桥梁"，从而使已知孕育不可知，以旧的、新的知识促进新的认识。比如，在教学"一元一次不等式的概念"这节课中，教师可以运用一元一次方程的概念这个例子，这样可以使同学们更好地利用已有的知识来理解一元一次不等式的新的概念和特性。

（二）教学内容的情境化方式

情境教学是一种利用具体活动的场景或者为学生提供学习资源，以激发学生积极学习的兴趣，进而提升学生的学习效率的一种教学方法。德国一名学者曾做了一个很好的例子：15克的食盐摆在你的眼前，你怎么也不能把它吞下去。但是，如果在一碗美味的汤汁里加入15克的食盐，你会吃到很美味的食物，而现在，你可以把所有的食盐都吸收掉。情境对于学问就像是一锅汤对于食盐一样重要。食盐要在汤汁里溶解，方能体现出它的生命力。因此，在课堂中，我们要让课程的内容具有"情境"性。教学情境创设是一个教师对教材进行二次创造的过程，需要教师针对学生的特点，对教学内容提出一种艺术性的构思，因此，教师要对教材进行深入的学习与分析，了解学生的特点与需要，在此基础上，充分运用影像资料、案例等教学资源，为教学活动创设特定的环境与氛围。

（三）教学内容的生活化方式

让课程回归学生的生活是数学新课标的重要理念。生活教育的目的，就是要在教育过程中，注重将课堂的内容与学生的实际生活以及社会实际紧密联系起来，让课堂的内容更加贴近学生的生活，更加贴近社会，这样才能更好地调动学生的学习积极性，更好地促进学生对社会的理解。数学与人们的生活和社会息息相关，当今，在人类社会的发展进程中，一些亟待解决的重要问题（能源、环境、粮食、生命的进化等）都与数学息息相关。在数学教学中，应充分利用这一优势，高效地利用校内外的各种课程资源，合理地整合教学内容，重视学生已有的生活经验，联系社会实际，重视与学生有关的常见问题，对社会问题进行深刻的反思，做出正确的决策，努力使学生通过问题的解答，理解科学知识与技能，理解过程与方法，理解科学、技术与社会的相互影响和相互作用，进而理解科学的价值观。

（四）教学内容的问题化方式

问题能够激起疑惑、促进思考。"问题"是指把教科书上用"定论"的方式表述出来的东西，转换成"问题"的方式来引发学生的探索，使他们从被动的接受转变为积极的探索。用"问题"的形式展示，可以调动学生探究的积极性，从而使学生产生主动参与和积极思考的心理需求。在课堂上实施"问题"式的教学，其核心就是要从课本中提炼出有意义的问题，激发学生的认识矛盾，激发他们探求事物根源的强烈愿望。

（五）教学内容的可视化方式

教学内容的可视化策略，指的是利用数学实验、实物、模型、图表等直观的教具，或利用板书、板画、数字化媒体等手段，将通过独立思维和合作学习仍无法解决的复杂、抽象的内容进行简化、具体化的过程。在教学过程中，可视化最显著的特征就是加强了课堂的直观性，使学生能够有目的、有计划地感知活动，感知从现象到本质、由具体到抽象的思维活动，从而加深他们对知识的理解和掌握，提升他们对数学的兴趣，并培养他们的观察、思考和实践能力。

（六）教学内容的活动化方式

美国教育家杜威认为，在课堂上，教师不能只把知识灌输给学生，而要让他们充分地投入课堂，并通过课堂中的实践来获得更多的知识。在进行数学教学时，不仅要认识已有的知识的成果，还要对数学图形的性质及其变化进行探究，在探究的过程中，形成核心的数学概念，掌握基本的方法和技能，引起学生对数学的强烈兴趣，形成求真务实、勇于创新、积极实践的科学态度。

四、初中数学课堂增补性教学内容的选择

对教材教学内容进行适当的补充，既可以弥补教材中知识点安排设计上的

缺陷，也可以扩大学生的知识面，让他们更加容易吸收教材内容。在初中数学课堂上，在许多教学环节中，教师都应该具有一定的赋权性教学内容的选择能力，要能与教科书知识的设计特征相结合，特别是对其中的某些缺陷进行适当的补充，为学生的有效吸收奠定基础。在这种情况下，所选择的补充内容往往对教科书知识的教学有显著的促进作用，并有助于学生对教科书内容的更深刻和彻底的吸收。

（一）在讲授跨段知识时增补相应的衔接内容

在初中的课程教学中，跨段的内容较多，特别是在中小学知识的衔接上，在小学阶段，学生对许多知识点都有了基本的认识，而在进入初中后，他们所接触的知识点看上去与小学时期学到的内容有一定的联系，但在知识点的深度、学习要求等方面，却有着本质的不同。在这些跨段知识的讲授过程中，教师要对其进行相应的添加，要对小学与初中在具体的教学上的不同之处进行深入的研究，并对两者之间的不同之处进行深入的剖析，在对这些背景有足够了解的基础上，有针对性地选择添加的材料，从而来充实课堂，也为教材中新课的讲授提供更好的材料。在初中数学的教学过程中，跨段知识是很普遍的，教师只要能够正确地选择合适的教学内容，就可以使这些知识点的教学更加顺畅。

在初中阶段，学生对几何知识的理解会变得更加系统，也会对其进行更为深刻的理解。虽然许多知识点看上去与小学时期有一定的相似之处，但是其中的难度和深度却有着显著的差别。因此，在教授新课的知识点时，很有必要对其进行跨学科的知识补足，并适当添加一些有关材料。在几何上，在小学阶段，我们就已经学习过了直线、射线、线段、三角形、四边形、圆形等几何图形的简单性质，这样做的目的是通过几何图形的直观性来深化学生对数的理解，从而使他们能够更好地掌握数的运算技巧。但是，在初中平面几何的教学过程中，要从对数的学习转向对形的研究，要让学生从几何的本质属性上去了解并掌握图形的概念，要用逻辑推理的方式去把握图形的性质。所以，在指导学生进行新的课程之前，可以对我们在初中几何课程中要进行的图形的性质、位置、大小、计算等教学内容进行补充，使学生能够清楚地了解这些内容与小学时所学有关内容的相似和不同之处。这样的适当补足可以使学生更好地理解新课程的内容，也有助于他们更好地掌握新课程的本质。

（二）在例题教学时增补思想方法教学

在涉及例子的讲授时，也要适当选择增补性内容，使习题教学得到合理的拓展，从而使习题教学的价值得以发挥。一些教师习惯于就题目讨论问题，导致练习课的效果不佳。通常情况下，对具体问题进行了简单的讨论，却没有对问题的本质进行深入的探究，而且，学生们也不会举一反三，因此，练习课的价值没有得到很好的发挥。所以，教师们要改变自己的教育方式和思维方式，在进行习题教学的时候，自觉地加入一些思维和方法，比如，针对一些具有代表性的例子，要通过问题来展示其本质，指导学生去分析问题的特点，让他们逐渐了解如何解决这一类型的问题。将思维方式的教育融入练习中，是练习的一种升华，可以提高学生解决问题的能力。在讲授习题的时候，教师可以对原题进行深层次的加工和设计，产生多角度、多层次、多情形、多背景的变化，逐步显现问题的本质特点，揭示出知识点之间的内在关系，在讲解时就可以补充形式新颖、综合性较强和具有探索性的问题。与此同时，教师们还可以用一题多用、一题多解、一法多用、多题归一的方式进行归纳和总结，对学生们思维的灵活性和深度进行有效的锻炼，把这种教学模式添加到习题教学中，从而拓展习题教学的思路，指导学生们能够更好地掌握类似问题的解题方法与思路。只有在这种情况下，才能使练习课的整体效果变得更好，同时也培养了学生思考和解决问题的能力。

（三）在复习总结时增补知识的归纳汇总

在进行复习课的教学时，能够在对知识进行整理的时候，对知识点进行总结，复习课的教学有很多种进行方式，教师要知道，复习课的教学不只是对学生所学的知识点进行温习，而是应该以对知识的总结和归纳为主。在进行增补的时候，教师要注意这一点，可以对一些相关的知识进行总结和对比，并对那些易混淆的内容进行整理和回顾。只有在这种情况下，复习课教学的效能才能真正地发挥出来，还可以在复习的过程中，解决学生对于某些知识点的理解和记忆上的困惑，让学生能够更清楚地认识到所学的内容，从而能够更好地将这些知识进行应用。

在复习课教学时，教师可以由浅及深进行教学，先引导学生梳理回顾学过的内容，保证学生对这些知识有较好的把握，再补充一些高起点的同类型的新知识。比如十字相乘法、二次根式的分母有理化、韦达定理、射影定理、平面两个点之间的距离公式、切割线定理等，都可以在复习时把这些知识教给他们，让他们在面对与之有关的问题时，能够有一个与之对应的知识库，在解决这些问题的时候，他们就可以做到有条不紊，镇定自若。在复习课的教学中，就是要帮助学生对所学过的知识进行再整理。通过对有关知识的适当补充，可以让学生对这些知识有更深刻的理解，而且在运用这些知识来解决问题的时候，也会变得更清楚、更精确。

第三节　初中数学教学原则

当前，在新一轮的课改中，许多教室的气氛被渲染成了一种活泼的气氛，但同时也丧失了一种"数学"的气息，这就使得数学教育的理念和精神缺少了一种可以生根发芽的土壤。由于在数学教室里，要有丰富的知识、熟练的技巧，还要有一套完整的数学教学原理，这就是它的本质所在。

一、科学性、思想性统一的原则

科学性与思想性统一的原则，就是要在马列主义、毛泽东思想的指导下，将科学的文化知识传授给学生，并与数学知识相结合，对学生展开科学的世界观的引领，对他们展开基础教育和思想品德教育。在教育实践中，具体表现在教育的内容、方式等方面。

在教学过程中，应该以课程标准中所确定的知识范围为依据，遵循知识内部的逻辑顺序，遵循学生的认识规则，由易到难、由简到繁，逐步进行，让学生能够对课程中的含义、性质、公式和法则有一个明确的认识。与此同时，要将数学课本中所包含的辩证唯物主义思维要素进行发掘，在传授知识、培养能力、开发智能的同时，还要将课本中所包含的意识形态要素加以利用，从而培养出一种科学的思维方式和方法。

二、理论联系实际的原则

理论与实践相结合的基本原理，就是要求教师在课堂上将理论教学与实践紧密结合。对基础知识和基本理论进行明确，并注重培养学生运用所学知识分析解决实际问题的能力培养。只有将理论教学与生活实践相结合，才能真正实现"从抽象体验到直观体验"的转变。

在教学中，要将抽象的数学概念化为现实，让学生更形象地理解和吸收。

三、教师的主导作用与学生的自觉性、积极性相结合的原则

这一原则意味着，在教学的整个过程中，教师要充分扮演好自己的角色，还要将学生的学习主动性和积极性都发挥出来，学校的教学活动是一种师生之间的互动，因此要将教与学的关系把握好，要让教师们能够更好地利用自己的课堂资源，这样才能更好地完成教学工作，从而提升自己的教学水平。

教师的主体性主要体现在以下几个方面：

（1）组织者的角色：要把课堂上的各个环节都安排好，使学生们能更顺畅地完成所学内容。

（2）启发者的角色：教师要引导学生们改变他们的学习态度，培养他们的学习动机，提高他们的学习主动性、自觉性和积极性，培养学生们自主学习和灵活应用所学到的知识来解决问题的能力。

在开展一节课的时候，教师应该注重对学生学习态度的指导，只有这样，学生们才能够在具体的学习过程中，充分地调动自己的主观能动性和学习热情。

四、统一要求与因材施教相结合的原则

这个原则是说，教师不仅要对所有的学生都有一个统一的教学标准，还要针对每一个学生的特殊状况，在他们的实际基础上，有针对性地开展教学工作。但是，学生的素养、智力和性格都是不一样的，这就需要教师在保持统一的同时，还要做到因材施教，要依据教学大纲和教材，对学生提出适当的、统一的教学要求，从而实现全面提升教学质量的目标。在此过程中，我们应该认识到不同学生之间的差别，并根据他们的实际状况，采用相应的方法来进行教学。

当然，在具体的教学过程中，有针对性地对学生采取不同的教学指导方法，这将会对学生的学习成效和学习积极性，乃至未来的发展产生很大的影响。

五、直观性原则

直观性原则需要教师利用多种直接的方法来指导学生对所学习的事物进行全面的认识，使之获得具体鲜明的表象，为正确而深刻地理解教材打开思维空间。初中生的思想活动正处在一个从形象思维到抽象思维的过渡时期，在对具体对象进行认知的过程中，通常需要对其进行表象化认知，进而对其进行抽象观念的建构。因此，通过视觉化的方式，可以提高学生的学习热情，提高学生的注意力、观察力、思维能力。

六、巩固性原则

巩固性原则就是要让学生在了解的同时，对所学的知识和技巧进行扎实把握，在有必要的时候，能够正确地使用，对数学知识进行巩固和把握，这是应用这些知识来解决问题的一个重要先决条件，同时也是深入了解新的知识的基础。

因此，教师既要将知识正确地传递给学生，又要将巩固性原则落实到学生身上，使他们对所学的知识和技巧有更深的了解。巩固是一个从记忆到快速再现、回想的心智过程，必须贯彻在整个课堂中。

简而言之，数学是一门应用能力很强的课程，在实际的教学过程中，让学生认识到数学学习的重要意义，这是我们教学成功的一个重要因素。自然，在教育过程中，能够把数学背后的道理说明白，让学生在获得新知识的过程中，能够提升自己分析问题、解决问题的能力，更是数学教学的一个重要方面。笔者以为，要使学生认识到数学的直观原理，这是开启他们学习数学的一个关键切入点。

第四节　初中数学教学目标

课堂教学目标设定是教师进行有效教学的前提和基础。在课堂教学中，教师若设定了不恰当的教学目的，或者在教学活动中难以顺利完成教学目标，都会对整个课程的教学目的产生极大的影响。从当前初中数学课堂教学目标设计的情况来看，还存在着一些比较显著的问题，例如课堂教学目标形式化现象严重、课堂教学目标与实施过程不匹配等，这既不利于教师课堂教学活动的顺利进行，也会在一定程度上对学生的知识获取造成不良的影响。在此基础上，结合现实情况，加强初中数学新课标的教学内容是十分有必要的。

一、初中数学课堂教学目标设计的内涵

教学目标具有多方面的特点。数学课程教学目标主要有课程教学目标、学段教学目标、学期教学目标、单元教学目标、课堂教学目标等，其中，数学课堂教学目标也可以说为数学课时教学目标，是指学生在一节课上所要实现的学习目标，是评价学生在一节课后所获取的知识情况的重要依据。课堂教学目标是教学目标中最根本的一个，也是教学设计的出发点和终点，能够引导课堂教学活动的有序进行，并关系到课程整体教学目标的推进。初中数学课堂教学目标的设计，是指学生在数学课堂上所应该学习的数学技能、数学知识以及要保持的学科态度。因此，初中数学教师在设置课堂教学目标时，应该对课程标准、教材要求和学生的学习水平进行综合分析，并结合有关的教育学理论，从核心素养发展的角度进行科学的设计。

二、初中数学课堂教学目标设计存在的问题

（一）忽视课堂教学目标设计

目前，许多教师仍然没有充分认识到初中数学教育的目的。尤其是有的初中数学教师在备课阶段，会对课堂教学目标进行设计，但是在设计时，仅仅将教学内容作为一个课堂目标，而没有对不同课型的目标进行充分考虑。特别是在练习、复习等环节，缺少明确的教学目标。新课标明确提出，在总体目标及各个阶段目标上，要从知识技能、情感态度、数学思考、问题解决等角度进行设计，其中数学思考与问题解决更是在培养学生的核心素养上起着至关重要的作用。在实际的教学过程中，初中数学教师在进行课堂教学目标的设计时，存在着"知识技能目标在前，其他目标维度在后"的现象，没有对课程目标与课堂目标之间的联系进行清晰的梳理，将教学目标内容层面的框架看作一种格式方面的要求，僵硬地按照这种格式来进行讨论，因此在很大程度上，不利于对课堂教学目标的精确定位。

（二）　忽视核心素养要求

在新一轮的学科建设中，教师应充分发挥自身的优势，提高综合素养。从目前初中数学课程教学目标的设计来看，它仍然存在着忽略了数学核心素养的问题。新课标发布到现在，虽然已经过去了一年半，但是在实际的教育中，能够把核心素养融入教育中的教师却不多。由于受到中考等因素的制约，教师们把更多的精力用在了提升学生的学业成绩上，而对核心素养的重视程度却不高，教师们的目标观念也跟不上新课标的需要，导致了数学课的教学目的与新课标背道而驰，使学生的核心素养的培育成为一句空口号。数学核心素养目标注重的是不同维度目标之间的良好结合，尽管在进行教学设计的时候，初中数学教师会从三维目标上着手，但在总体动作上，他们更倾向于知识技能目标，与此同时，学生的父母也会根据他们的分数来评判他们的学习是否顺利。在此背景下，教师为了满足父母的期待，让学生取得好成绩，会把教学目标放在知识技能方面，而对其他维度的目标重视不够。这将直接关系到对新课标的总体要求，也将成为新课改下新内容的一个重要方面。此外，在目标的设定上，初中数学教师也忽视了学生的个体差异，他们在设计课堂教学目标时，没有考虑到学生的学习差异和个体差异，只是根据单一的目标来要求，这就造成了能力差的学生达不到目标水平，而能力好的学生则不费吹灰之力，这特别不利于学生的个性发展。

（三）　缺乏教学目标实施及评价预设

在实际工作中，仍有一些初中数学教师没有充分理解课堂教学目标的含义和重要性，有时候，他们会把课堂教学目标当成要达到的目标，而忽略了教学目标的设计对于目标实现和最后评价的引导作用。课堂教学目标作为一种预设，在具体的执行过程中，还要根据学生的实际情况进行相应的调节，但是在实际操作过程中，许多教师都会严格地根据设定的目标来进行教学，不会对课堂中可能出现的变量进行充分的考虑，因此，教师很难将预先设定的课堂教学目标在课堂上进行灵活的运用，这无疑会减弱教学目标本身的导向作用。与此同时，还要看课堂教学目标能否达到预期的效果，就必须对课堂教学进行评估。在此过程中，教师要与课堂教学目标相联系，提前设置出与之相对应的教学评价方式，从而对其实现的结果有一个更为完整的了解。然而，在实际操作过程中，许多初中数学教师都习惯于使用传统的纸笔测试方法，他们会让学生自己去完成题目，从而对学生的学习情况进行评估，这样的评估过程不够完整，并且倾向于以教师为主导，很难对学生进行综合的评估。

三、初中数学课堂教学目标设计改进策略

（一）准确辨析课堂教学目标与课程教学目标的关联

从数学目标体系的总体层级系统来看，课程教学标准中清楚地指出，课程教学目标由课程总目标以及学段目标构成，覆盖的领域相对较广，要实现目标尚需较长的时期。在此背景下，根据目标的层级划分，如单元目标、学期目标、年级目标等，可有效地完成课程教学目标。课程教学目标的内容较为集中，一般为一节课的课时，属于最为具体的层面。所以，课程教学目标与课堂教学目标属于两个完全不同的层次，在进行课堂教学目标的设计时，应该将课程教学目标作为衡量标准，在执行的时候，通过对每个层次的精练，最终将其转化为课堂教学目标。

准确、清晰的学习目标是提高学习效果的关键，因此，相关人士应对数学教师进行相关的教学目标的培训，并引导其理解课堂教学目标的实际要求和内涵等。与此同时，初中数学教师自身也要发挥自己的作用，在教学目标中，要明确上级和下级之间的联系，要对教学目标的定位有一个清晰的认识，并且要与学生的具体情况相联系，制定具有一定针对性的教学目标。

从初中数学课堂教学目标的视角来看，很多教师在进行教学目标的设计时，会出现完全遵循课程教学目标的情况，在设计课堂教学目标的时候，采取了以知识技能目标为主、其他维度为辅的方式，一条一条地进行设计。这门课的最大弊端在于，在讲授时，学生们常常把重点放在"知识""技巧"上，而忽略了其他方面的东西。所以，在实践中，初中数学教师在制定课堂教学目标的时候，应该首先以课程教学目标为指导，要与特定的教学内容以及学生的认识相联系，准确地确定每一节课的教学目标，这样才能做到标准化、有条不紊地开展教学，从而提升课堂教学的有效性。作为一名初中数学教师，在设计课堂教学目标的时候，一定要考虑到学生本身的学习动力和学习情绪，从他们的认识出发，调整他们的层次，通过一个合适的目标来调动他们的学习热情。其次，在教学目标上，应注重培养学生的思考能力和解决问题的能力，从而使他们在教学中更好地运用数学知识。最后，在设计课堂教学目标时，要注重不同维度目标间的互动关系，也就是在确定课堂教学目标时，要突破原来的固定模型，将每个维度的目标与学生学习过程中各个维度的目标有机地融合起来，这

样才能让学生在知识、技能、情感、价值观等各个层面上都可以获得更好的发展，避免在学习的过程中，由于过于偏向某个方向而忽视了其他的问题。

(二) 结合核心素养设计课堂教学目标

在初中数学教学中，要想使初中数学教学更好地开展，就需要对其进行有效的分析。数学核心素养是在数学课程中，通过数学知识和数学思维来解决相关问题的一种能力和品质。因此，初中数学教师要全面理解数学学科核心素养的内涵，正确把握数学核心素养的要求，结合学生的实际需要，注重学生的主动性与三维目标的结合，促进学生在数学探究中提高自己的思维质量和数学学习能力。在具体的操作中，要确保课堂教学目标与核心素养的有机结合，初中数学教师在进行教学设计时，应该从整体上把握课程教学要求，制定出一个完整的单元教学目标，并将其细化到每一节课，以推动课堂教学目标的实现。

一是在新课标的基础上，依据新课标的特点，从总体上分析新课标的培养对象；在设计教学目标之前，初中数学教师应该掌握各单元间知识的相互联系，充分了解该单元的数学知识实质、数学文化和数学思想，并根据新课标来掌控各个数学核心概念。同时，教师要对学生的年龄特点和学习能力进行全面分析，把握其认知特点、学习动机和学习习惯，保证其所制定的教学目标满足其需要。

二是根据课程教学目标和内容标准，对课程教学目标进行详细的分析，以确定在课程中，学生应该具备怎样的思想、怎样在课程中获得怎样的知识、具备怎样的技能，这样才能更好地引导课程教学的实施。

三是初中数学教师要根据课堂知识类型和学生的元认知体系，分层地对待知识，注重学生数学思维、情感态度、问题解决等方面的目标，加强不同水平上的目标的融合，强调目标对于学生的指导意义。在进行课堂教学目标的设计时，教师要注意将以往的"使学生……""让学生了解……"等描述方式转变为更清晰的表达形式。

四是要在课程中预先设定好课程目标的执行和反思，同时要根据课程的进度做出相应的调整，以课程目标为导向来引导课程，确保课程能够以提升学生的数学核心素养为目的来进行。

(三) 预设教学目标实施及评价

1. 课堂教学目标实施

教学目标可以是事先制定的，也可以是由学生在学习过程中生成的。通过事先设定好的课堂活动和各个阶段的教学内容，可以很容易地形成新的教学内容和教学目的，从而有效地提升教学效果。这就要求初中生在学习过程中，要充分了解其学习目的的特征，并在此基础上，根据自己的具体情况，制定出一套科学、合理的学习方法。

根据数学核心素养这一教学目标，教师要尽量地鼓励和指导学生积极地参加到学习中去，从而有效地诱发学生的情绪动机，并提高他们解决问题的能力。通常而言，认知系统目标、自我系统目标以及元认知目标等可以被有效地实施。这就要求初中数学教师根据特定的教育目的来选取适当的教学策略。

2. 课堂教学目标评价

在设计初中数学课堂教学目标的时候，初中数学教师还应该将其与目标内容联系起来，提前设定好评估方法，一方面要在目标达成的时候展开评估，用评估来引导学生的发展。初中数学教师应该意识到，好的评价应该是一个对实施教学目标的过程、实施结果的科学的反馈，而不仅仅是一个简单的筛选。通过评价，可以让教师更好地理解和掌握每一位学生在新课改中所取得的成绩，从而更好地为新课改提供依据。同时，教师也要构建多元化的评估制度，改变传统的基于纸笔测试及成绩测试的评估制度，使教学目标的实现更加全面、系统。初中数学老师在教学过程中，除了传统的纸笔测试外，还应该运用口头报告、身体语言和表情语言以及师生互动讨论等多种方式来评估学生。除此之外，还应该鼓励学生进行自我评价，让他们根据课堂教学目标和自己的知识实际取得情况进行自我评价。

课堂教学目标是一节课开展教学活动的起点，制定一个合理的课堂教学目标，并在实践中实施，能显著提高课堂教学质量，推动学生健康发展。当前，在初中数学教学中，还存在着课程教学目标设定不当以致对整个教学过程产生较大影响的情况。所以，面对这样的局面，初中数学教师也要注重教学目标设计，要根据学生发展需求、核心素养要求、课程标准、教材内容等因素，合理地设定课堂教学目标，引导学生以更有条理的方式进行数学知识的学习，进而推动学生的发展。

第二章 初中数学教学设计

第一节 教学设计的定义

一、关于教学设计的定义

要正确认识"教学设计"这一概念，就必须明确"设计"一词的意义。"汉典在线"网站对"设计"的解读是"依照工作目标与需要，事先制定好工作计划与规划"。从 20 世纪 60 年代开始，伴随着心理学科的不断发展，教学设计的研究也逐步成熟起来。专家学者对教学设计的理解也有所不同，主要有以下几种观点："教学是一种体系，教学设计就是对这个体系进行系统的计划的过程。"教育体系自身就是为学生提供更好的学习所需的资源和步骤。雷根、史密斯等认为教学设计就是以系统的方式，把教学中所学到的知识转化为对教学材料、教学活动、信息资源以及教学评估进行详细规划的一种系统化的过程。根据乌美娜的说法，"教学设计指的是利用系统的方式，对教育问题和教育目的进行分析，并建立相应的解决问题的策略计划，并在教育活动中尝试该计划，评估尝试的效果，并修正该计划"。徐英俊认为"教学设计"是一种在学习理论、教育学、传播理论的基础上，力求使教学效果最大化的过程，它是一种在教学过程中产生的问题，并在此基础上，对教学目标的确立，教学策略的制定，教学实验的设计、评价与修改的过程。在这些学者看来，教学设计是一个包括分析教学问题、设计解决问题的策略方案，优化教学过程以及实施教学评价的过程。一般情况下，教学设计是一门探讨如何有效地进行教学的理论，它是一门新型的教育科学，是根据教学对象和教学目标，设定适当的教学起点与终点，有序、优化地安排教学中的各种因素，并制订出一套教学方案的过程。

二、教学设计的意义、步骤

通过教学设计，教师可以对教学过程有一个整体的把握，根据教学环境的要求和教学对象的特点，制定一个合理的教学目标，选择适当的教学方法和教学策略，利用有效的教学手段，营造一个好的教学环境，实施切实可行的评价，保证教学的顺利进行。除此之外，在进行教学设计的过程中，教师还能够对学生学习的起始状态和学习后的状态进行有效的把握，进而对自己的教学策略和方法进行及时调整，并制定出相应的教学措施，为下一阶段的教学打下良好基础。在此背景下，美国教育学家瓦伦丁·阿洛特提出了一种基于"教师—学生—教师"相结合的教学方法。优秀的课堂教学设计能为课堂教学活动的开展提供一个科学的指导方案，能让课堂上的教师们发挥更大的作用，达到更好的课堂教学效果。忽略了课堂教学中的"设计"，不但很难达到良好的教学效果，还会导致课堂上出现一些偏差，从而无法达到预期的目标。

（一）教学设计的意义

1. 有利于媒体教材质量的提高

对于早期的媒体教材，一些学者曾提出过"媒体教材的不足之处"，指出"教学的设计才是摆脱困境的根本原因"。后来，他们成功的一个"秘诀"，就是"坚持严谨的教学计划"。

2. 有利于教学工作的科学化

传统的教学方法以"课堂中心"为核心，以"书本中心"为中心，以"教师中心"为核心，在教学过程中，主要依靠的是学生的主体性和主观性。同样，资深教师在这个方法上也能取得更好的成绩，这也是一门教育的艺术。但是，善于应用这种技巧的教师终究是少数，并且这种技巧也是难以教授的。而教学体系设计则是以系统化的理论为依据，以可复制的技术为手段，突破了这一限制。对于普通的教师来说，只要了解相关的理论知识，掌握科学的方法，就可以进行实践。因此，正确认识并应用教学设计理论，是提高教学工作科学性的重要方法。

3. 有利于教学理论与教学实践的沟通

教学活动是一项具有悠久历史的社会实践活动。为了让教学活动变得更加有条不紊，人们很久以前就对教学机理展开了探索，对教学过程中所涉及的各种因素之间的关系展开了深入的研究，并最终发展出一种具有自己特色的知识体系——教学理论。然而，在很长一段时间里，关于教学问题的研究大多侧重对教学问题的阐述与提炼，很多教师都提出了与现实相脱节的意见，这对于提高教学问题的解决效果的作用是微乎其微的。一方面是因为我们对它的理论学习不够，另一方面也是因为我们对它的实际运用缺乏足够的了解。在此背景下，"桥梁学科"作为一门学科，承担着将教学理念和教学实际联系起来的重任。在进行教学设计的过程中，要以获得最佳的教学效果为目的，在回答教学问题的过程中，要注意将个别教师的教学经验提炼为易于为多数教师所理解和运用的教学科学，注意将已有的教学研究理论成果与教学实践结合起来，实现教学理论与实践的有机结合。教学设计是一个系统地解决教学问题的过程，它所包含的一系列确定、分析、求解教学问题的原理和方法，也可以适用于其他学科，以及适用于其他种类的问题情境，而且具有一定的可移植性。例如，在教学内容或学习任务分析这个设计环节中，设计者要将总的教学目标分解为单元教学目标和更具体的课时目标，建立一个教学目标群，然后基于每个特定目标来制定策略。这一点与现代管理学中"目标管理"的理念是一致的。因此，通过学习与应用教学设计的原理与方法，可以使有关人员形成科学的思维，提高其对问题进行科学的分析与解决的能力。

（二）教学设计的步骤

教学设计是一门将多个学科的理论和技术研究结果结合在一起的科学，它的理论依据包括学习理论、教学理论、系统理论和传播理论等，每个理论都从不同的角度对教学设计的形成和发展起到了很大的作用，而学习理论又是四个理论中最关键的理论依据。虽然教学设计的流程模型多种多样，但是在仔细剖析这些流程模型的理论依据后，笔者发现，教学设计的流程模型可以分为三大类型：传统的以"以教师为主"的教学设计、建构主义环境下的教学设计以及"学教并重"的教学设计。

1. 传统的"以教师为主"的教学设计

传统的教学设计是以教师的"教"为中心的，它一般由下列步骤组成：

（1）对教学目标进行剖析，明确课程的主要内容、知识的先后次序。

（2）对学生的特点进行研究，即为学生制定不同的教学出发点，为学生提供不同的教育资源。

（3）根据上述的研究结果，制定相应的教学策略和方法。

（4）根据以上的分析，进行媒介的选取。

（5）实施教育，并对教育进行形成性评估。

（6）在结论性评估的基础上，调整教学内容、教学方法和策略。

2. 建构主义环境下的教学设计

（1）情境创设，即创造情境，以促进学生对所学知识的理解。

（2）信息资源，为鼓励学生自行建构，提供目前有关研究课题的资讯来源（教学资料）。

（3）自主学习策略的设计，自主学习策略指的是可以引导学生进行自主学习和自主建构的内部因素，其作用是将学生的学习积极性和主动性充分地调动起来，从而达到自主建构的目标。

（4）组织合作学习，通过合作交流，思想碰撞，取长补短，加深对知识的理解。

（5）组织和指导"自主发现"和"自主探究"——以构建知识的含义为前提，以发现和探究为手段，以解决具体问题为目的，对学生进行探索和探究，以提高他们的创造力和动手能力。

3. "学教并重"的教学设计

在理论、方法和过程建构主义的环境下，在进行教学设计的时候，既要考虑到"学"和"教"这两方面的优势，又要考虑到这两方面的劣势，既要突出学生这一主体，又要重视教师在这两方面的优势，其设计过程是这样的：

（1）对课程的目的进行剖析，明确课程的主要内容和知识的先后次序。

（2）对学生的特点进行研究，即为学生制定不同的教学出发点，为学生提供不同的教育资源。

（3）确定课堂教学中的学习策略，并进行课堂活动的设计。

（4）设置研究情境。

（5）多媒体辅助教材的选取和教材内容的制作。

（6）在课堂上进行形象化的评估，并通过评估的结果来修正课程的内容和策略。

在第（3）点中，已经包含了建构主义的自主学习、协作学习与自主探究等策略的设计，在第（4）点和第（5）点中，还包含了对情境的创设和资源的提供。传统的教学设计往往也是以"教"为核心的，侧重于探讨怎样才能让教师更好地备课，更好地上课，具有"以人为本"的特点。按照这样的理论和方法进行设计的教学，可以更好地发挥教师的主导作用，更好地教授系统科学的知识，更好地完成教学目标，还可以让学生在各个学科都更好地打牢自己的知识基础。其弊端在于"重教轻学"，忽略了学生的自主学习和探究能力，导致学生盲目相信教师，盲目相信书本，盲目相信权威，缺少开拓思维，缺少批判思维和想象能力。

建构主义环境下的教学设计，它是一种以"以人为本"的教育理念。尤其注重的是学习者的自主建构、自主探究和自主发现，这样做对于培养学生的创造力有很大的帮助，但是我们忽略了对教学目的的分析，忽略了对教师的引导。

近几年，伴随着"以学为主"这一新理念在世界范围内的逐步普及，越来越多的教师意识到了"以学为主"的教学模式具有显著的优势（有利于提高学生的独立探索能力和创造力），同时也存在其不足（不利于教授和掌握系统化的科学知识）；而"以教为主"恰恰是对这一理念的否定。如果能将二者融合在一起，那就是相得益彰了。在此基础上，我们将其命名为"学教并重"，它突出了学生的主体性和教师的主导性，这样做不但有利于扩大学生的知识面、提高其创造力，还有利于培养学生健全的感情和价值观念。

三、数学教学设计

数学教学设计是怎样的？奚定华在他的著作《数学教学设计》中将数学教学设计定义为："根据数学教学论和数学学习论等相关的基本原理，采用系统化的研究思路，对数学教学中存在的问题进行研究，确立数学教学的教学目的，提出数学教学问题的方案和实验方案，并对方案的结果进行评估和修正的活动。"在他看来，数学教学的设计是集科学性与艺术性于一体的综合。何小亚教授在其《中学数学教学设计》中将数学教学界定为：教师根据课程目标和学生的认知状况，制定数学教学目标，选择教学内容，合理设计数学教学过程各个环节的过程。

（一）数学教学设计的模式

奚定华认为，在教学设计中，有许多不同的教学设计，共同构成了教学目标、教学内容、教学策略以及教学设计计划的评价四大要素。在章建跃看来，在进行数学课堂的教学时，应该按照下列的基本程序来进行：对教师的背景进行分析、对学生的现状进行调查、对教师的教育目的进行研究、对教师的指导作用进行研究，并提出相应的建议。方均斌对"教案设计模型"的认识大致可分为两个层面：一是指教案设计流程的模式化；二是具体的教学过程中所包含的各个环节和各个因素。

在此背景下，提出了一种有针对性的、创新性的、可操作的"新课程"的新方法。根据对不同的数学教学设计模型的论述，提出的数学教学设计模型通常包含如下几个步骤：

（1）教学内容分析。

（2）学情分析。

（3）目标分析。

（4）确定课堂授课方式。

（5）制作教学资料和教具。

（6）进行课堂教学流程的规划。

（7）对课堂教学的设计进行思考。

（二）数学教学目标的设计

课程教学目标是数学课程的核心，是学生学习的起点和终点。《义务教育数学课程标准（2022年版）》将数学教学的总体目标和学段目标分为知识技能、数学思考、问题解决、情感态度四个部分。

章建跃老师通过"数学教学目标思考"，进一步明确了"三维目标"的教学目标。目前，我国初中的数学教学目标存在着"分类混乱，表述模糊，套语多"的问题。在此基础上，本书对初中数学教学目标进行了研究，并对其进行了分析。本书还指出了在实施数学教学的过程中应注意的几个方面：把学生作为教学的客体；目标要与内容密切相关，避免空洞；选择恰当的动词和层次，使目标清晰明了。

何小亚从"知识与技能""过程与方法""情感态度与价值观"三个方面提出了"数学课堂教学目标"的设置，并对每一个方面的目标如何写作做了较为详细的论述。

从以上几个方面来看，我们都很重视培养学生的创新能力。在数学教学三维目标的确认、教学目标的制定与执行中存在的问题等方面都做了深入研究。

（三）教学媒体的设计

在数学教学设计中，教学媒体的设计是必不可少的一环，包括教材、黑板、投影仪、教师自制教具、计算机等，它们都是在教学活动中传递教学信息的载体和手段。奚定华在《数学教学设计》的一篇文章中，详细阐述了怎样选择适当的教学媒体，并提出了一些具体的建议。许多文章都涉及教学媒体的设计问题。例如，潘小明从教学活动的一些关键环节，即分析和确定教学内容，确定教学目标，优化教学过程和方法，设计、选择和运用教学媒介，以及师生间的数学活动互动方式等方面进行了详尽的讨论，并指出了以计算机为核心的现代信息技术对数学的影响。在新的课程思想中，人们认为，要把信息技术看作一种帮助学生学习数学的手段，要利用现代化的信息技术，把它应用到数学教学中去，很多教师都做了一些努力，比如，方勤华、孙名符等人曾讨论了在信息技术的支持下，如何提高数学课的教学效果，并提出了一些相应的解决办法。

我们认为应当用辩证的眼光来理解教学媒体，也就是对教学媒体的影响。在进行课堂教学时，要避免过于轻视和夸张这两种偏激现象，正确选用和运用教学媒体是一项十分关键的工作。

（四） 数学教学设计的评价

评价就是对评价目标的功能和价值做出判断。数学教学设计评价是对学生进行教育、科研等方面的评价。在数学教学中，对学生进行有效的教学是提高学生学习成绩的重要途径。根据方均斌的观点，从评价对象上可以将数学教学设计评估划分为自我评估和他人评估，从评估实施的时机上可以将其划分为事前评估和事后评估。何小亚还就"评价"的类型及评价的内涵进行了简要的剖析与归纳，并从"形成性评价""诊断性评价""总结性评价""定量评价""质化评价"等方面阐述了自己的看法。数学教学设计的评价包括对教学内容处理的评价，对数学教学方法、策略、模式选择与运用的评价，对数学教学媒体的选择与应用的评价，对数学教学设计方案的评价。

孙延洲从教学目标是否明确、教学内容是否翔实、教学方法是否灵活、教学效果是否达到要求、教师素质是否优秀等五个方面进行了探讨，在对数学教学设计进行评估的过程中，一个好的教学设计通常要经历"设计—评价—修改—设计"这样的重复，才能在不断的重复中逐渐变得完美。

四、初中数学教学设计的基本内容

（1）通过对教学要求的分析，明确教学目的（教的内容），也就是教学目的的设计。这就是课程设计中的一个重要环节，它往往要求学生对学习环境、学习要求、学习任务等进行分析与设计。

（2）设计教学策略，也就是怎么教。在进行设计的时候，要从总体上对教学策略进行全面的掌握，并将多种教学策略融合到一起，以学生的真实状况为依据，进行富有创意的组织，从而设计出既有特色，又与教师自身特点及现实教学背景相一致的教学策略。

（3）对教师进行评估，也就是对教得如何的评估。其中，决定型、研究型、价值型和系统型四种具有代表性的教育评估模式最为突出。

五、初中数学教学设计的实施过程

一般来说，初中数学的教学设计要从学习需要、学习内容、学习者、学习目标等几个方面来进行。这里着重介绍分析其中两个方面：

（一）学习需要分析

所谓"学习需要"，就是初中生现在的水平与他们所希望的水平的差异。对学生学习需要进行了研究，其目标是：找出学生学习需要中的问题；通过对问题成因的剖析，判断问题能否得到解答；对已有的资源和限制条件进行分析，并对其进行可行性论证；对问题进行重要程度的分析，并决定需要重点处理的问题。

在调查学生的需要时，通常可以采取内部参照和外部参照两种方法。内部参照法是以学习者所处的组织机构内部已经设定的教学目标为参照，观察两个学习者的不同，从而判断其学习需要的一种分析方法。

运用内部参照法来决定学习需要，通常有如下的途径：设计一些测试题、调查问卷等让学生们去解答，并对结果进行统计和分析，从而获得所需的资讯。提供学生最近学习成就的资料；走访和讨论与学生关系紧密的人士。

外部参照法是一种将社会需求作为参照标准，对学习者与学生的差别进行考察，从而对学生的学习需要进行判断的一种分析方法，在初中数学的教学设计中也被使用。

（二）初中生特征分析

初中生作为课堂上的重要角色，需要通过积极主动的学习，获取丰富的知识、技能和行为经验，完成学习过程。初中数学课堂教学设计的最终目标是解决课堂上遇到的问题。所以，对学生的特点进行研究是十分有意义的，也是十分关键的一步。下面分析初中生的整体特点、学习风格、学习能力三个方面。

初中生的整体特点是：在初中的内在因素和环境、教育的交互作用下，对学生产生影响的生理、心理和社会等方面的特点。它与初中生的年龄、性别、心理发展水平、学习动机、人格因素、生活经验以及社会背景等因素都存在着一定的联系，所以，了解这些因素，在初中数学的教学设计中是十分重要的。在研究中，笔者采用了观察法、问卷调查法和文献查阅法等多种研究手段。学习风格分析和学习能力分析，则主要集中在学生个人的学习状况上。

综上所述，在现代化的背景下，课堂的设计更加注重以"学"为中心，以适当的情境为引导，使学生在课堂上完成有意义的构建，并使其重新创作。因此，教育在很大程度上是一种对学生进行再创作的过程，而不是一种根据预先设定的方法来完成的单纯的知识转移和固定的过程。对于在教学中出现的错误，教师们会更多地采用宽容的方式，在教师和同学的配合下，以及同学们积极主动的参与下，不断地纠正这些错误，从而达到对知识的理解和全面发展的目的。

在新的教育理念下进行教学设计，主要关注以下几个基本环节：

首先，要准确理解新课程理念，新课程理念的中心环节就是：数学教学是教师引导学生进行数学活动的教学；教师的工作主要是让学生参与到数学活动中去，在这些活动中，将他们的学习潜力充分地挖掘出来，并指导他们主动参与自主探索、合作交流与实践创新。

其次，对新课程理念的正确认识，要根据学生的具体情况，创新地运用课本，让他们亲身体验知识形成、发展和运用的过程；在教材中，如果是要求学生完成的任务，如归纳法则（方法）、描述概念（定义）、总结所学内容结构等，应予以鼓励，即要鼓励学生通过独立思考与合作交流来给出答案。然后，教师要让学生们在充分的行动中，引出一些标准的表达方式，不要强迫学生们去死记硬背那些标准的表达方式。

再次，针对学生的认识特点及所学内容，采取不同的课堂授课方式，以达到提高课堂效率的目的。

最后，结合具体的实践，对自身的教育活动进行反思，并在此基础上进一步完善。

第二节　初中数学教学设计的起源与发展

一、教学设计的起源

伴随着时代的进步，教学设计变得越来越有条理，越来越有实用性。自 20 世纪 70 年代，教学设计被确定为一门专业之后，就一直为教育部门所重视，而有关教学设计的意义和实用性，也引起了教育部门对它的研究，因此，有关教学设计的界定，也会在研究中得到进一步的修改和完善。在国际上，关于教育设计理论与实践的研究已经开始了很长一段时间，其中不乏一些有代表意义的学者，如：加涅、梅瑞尔、赖格卢特、瑞格卢斯。在国内，教学设计也得到了很大的发展，随着国内教育学界对其重视程度的提高，大量的理论文章和实践文章涌现出来，许多学者开始致力于教学设计的理论探索，其中比较有代表意义的有：乌美娜、何克抗、皮连生，这些人都对我们的教学设计事业做出了巨大的贡献。

直到 20 世纪 50 年代中叶，才有了对教学设计的介绍，并逐步形成一门综合的学科。教育系统是人类社会的一个重要组成部分，任何一项教育理念的发展都与其所处的时代密切相连。当今是一个信息化的时代，也是一个"设计的时代"，这种新的时代特点对我们的教育产生了深远的影响，使我们的教育观念、方式和模式都产生了深刻的改变。根据美国教育学家梅瑞尔的研究，他的观点是："第一代教学设计"是基于加涅的"学习状态"的一种"传统的教学设计"。他在论文《第二代教学设计》中，列举了"第一代教学设计"存在的九种不足之处，并对其不足之处进行了剖析，从而形成了"第二代教学设计"的概念。由此，梅瑞尔提出了基于认知心理学与建构主义的二代教学设计，其最根本的假定是：人的认识架构，是一种整合式的心智模式，因而二代教学设计是以知识为主，而非以学生为主。从教育理论基础来说，教学设计的发展历程分为三个阶段：行为主义教学设计理论、认知主义教学设计理论以及目前还处于探索研究中的建构主义教学设计理论。

二、我国教学设计的发展与反思

教学设计（Identification Design，ID），通常被称作教学系统设计、教学开发和教学系统开发，其产生于 20 世纪 40 年代"二战"时期，随着格拉泽在 1962 年首次引入"教学设计"的理念和教学系统的设计方法，教学设计成为一种新的研究领域。

在早期，我国的教学设计主要受到传统的教学观念和方法的影响。教学设计更加注重知识的传授，以教师为中心，学生主要扮演被动接受知识的角色。这一阶段注重基础教育，强调对学科知识的传递和学生基本技能的培养。改革开放以来，我国进行了深刻的教育体制改革，促使了教学设计的创新。引入了更加灵活、实践性的教学方法，强调学生的主体地位，提倡启发式教学和问题解决型教学。这一时期强调学生综合素质的培养，而非仅仅关注知识传递。随着科技的进步和信息化时代的到来，我国教学设计逐渐呈现出多元化的趋势。借助先进的教育技术，如在线教育、虚拟实验室等，教学设计变得更加灵活和创新。个性化教育成为关键词，注重满足学生不同的学习需求和兴趣。近年来，我国大力推动教育信息化，数字化教学设计成为发展趋势之一。通过互联网、智能化技术，教师可以更好地个性化地设计教学方案，提供更丰富的学习资源。同时，学生通过数字平台获取信息，进行自主学习，实现了教学过程的更大程度的开放和共享。总体而言，我国教学设计的发展经历了由传统向现代的转变，由单一向多元的演进。未来，随着科技的不断发展和教育理念的更新，教学设计将继续朝着更加创新、个性化、数字化的方向发展。

在 30 年的时间里，我国的教学设计研究在理论研究和实践方面都有了一定的发展，但还不成熟。理由如下：

（1）研究组织是判断一个学科（或一门课程）成熟与否的一个重要指标，当前我国没有一个专门的协会或科研组织来负责教学设计。

（2）尽管在教学设计方面的论文数量增加了，但尚未出现一本教学设计类期刊。

（3）虽然学术交流的数量增加了，也取得了一些成果，但是没有形成一个专业的讨论和交流的机制。

（4）教学技术在教育学中是一个独立的学科，它已经有了自己的学科体系，但在教学设计方面，还没有形成一个完善的学科体系。

（5）目前我国普通高等院校的教育技术专业，仅以"教学设计"为主要内容，尚无与之相对应的专门课程作为支持。

近年来，大多数的研究都是以某一种教学设计方式为基础，或者侧重于某一种教育设计方式，比如：张广兵发表的《参与式教学设计研究》，就围绕着"什么是参与式教学设计""是否有必要开展参与式教学设计""参与式教学设计的本质和特征""开展参与式教育教学设计的现实条件""如何进行参与式教学设计"和"参与式教学的实际效果"这六个方面进行了相关的理论和实证研究。

陈亮的博士论文《体验式教学设计研究》，在对其理论依据、体系构建和在数理学科中的应用进行深入分析和探讨的基础上，归纳出四条基本原则：第一，体验式教学是"为练而教""为练而学"，在练中"学会成事""学会成人"，从而推导出"练成原则"。第二，在经验教学中，师生间存在着一个不断互相调整的复合调整体系，从而推演出经验教学中的"互相调整原则"。第三，体验性教学是一种从无序到有序的相互排练中产生的适应性体系，并由此推导出体验性教学体系的"自组织原则"。第四，"体验性教学"有一个"全景性"和"动态性"的教学体系，并据此推导出了"心理场原理"的体验性教学情境。

胡小勇在《问题化教学设计》的博士论文中，对问题化教学的情境设计、过程设计、资源设计、教学评价等方面进行了详细的论述。

在李锋的博士论文《基于课程标准的教学设计研究：以上海市初中信息科技课程为例》中，他对标准式教学设计进行了初步的探讨。标准式教学设计，一是将课程标准、学习评价、教学活动三者有机地结合起来的一种设计方法，它帮助教师从一个全新的角度去理解、分析、应用课程标准中的学习目标，并使其与学习目标相一致；二是在设计教学活动时，要先进行评估，这样才能充分发挥评估的作用，才能使学习目标和评估的目的相一致；三是根据学习目标来进行教学活动的设计，并利用学习评价对课堂教学进行调整和补救，以保证学习目标的顺利完成。在此基础上，以标准为基础的"三个环节"互相连接、循环，实现了"评价"与"教学"的有机结合，确保了"课程标准"与"教学实践"的一致性。

彭兵的博士论文《基于学习对象的教学设计模型研究》，以计算机专业为载体，提出了一种"扩充的精细过程模型"（Extension Engineering Model，EEM），它与少数已有的几种模式相比，更具整体性和系统性。通过该模型，文章讨论了学习对象的粒性、重用性等基本问题，并提出了学习对象粒度与教学内容的整体性、认知技能密切相关的教学论观点。

　　总体来说，尽管缺乏比较严谨的理论体系，但是学者们各自在教学设计上都有自己的侧重点和扩展方向。所有的研究都将教学设计视为一种决定、理性、逻辑性和程序性的过程。然而，相对于实际教学中复杂的教学设计工作，这个假定的可靠性就显得非常可疑了。关于教学设计的研究，绝大部分都是一些学者的观点，而不是对教学设计进行系统的研究。然而，在实践中，人们往往会将其归结为教学设计者没有掌握好设计原理，或者是因为教学设计这一学科的不成熟。传统的以专家为主导的教学设计研究，既是一种"象牙塔"，又忽视了对教学设计实践的探索，还是一种权威性的理论，让实践中的教学设计者对专家的看法唯命是从，从而失去了自己的主体性和创造性。在具体的教学实践中，教师的教学设计是一种直观的、创造性的过程。因为它的创新，所以设计并不能始终按照已有的计划来进行。在设计过程中，设计者在以目标为中心的逻辑思维基础上，对多种方案进行权衡、检验、取舍，是一项很难用语言表述、很难用逻辑表述的行为。初中教师想要对教学设计进行具体的指导，而这种侧重于理论的研究，在实际的教学设计尤其是课堂教学设计上，缺少了直接的指导，令人感到遗憾的是，当前的研究在实践操作和具体指导方面还非常不完善。

第三节　初中数学教学设计的理论依据

一、信息传播理论

　　20 世纪 40 年代，人们开始对信息传播进行研究，其研究对象也由"新闻传播"向"信息传播"转变。信息交流的基本原理是信息交流的方式。在此，我们将重点讨论拉斯韦尔的"五 W"理论，以及贝罗的"传播模式"。

（一）拉斯韦尔的"五 W"理论

　　拉斯韦尔认为，要了解什么是传播，只需回答"五 W"理论，这 5 个 W 分别是：

　　Who——谁。教师肩负着传达和传播信息的重任，同时也是"解释者""译码者""编码者"。

　　What——什么是教学的内容，也就是教育资讯。教育资讯是有组织的、有计划的、有经验的。教育信息本身不能被直接地传递，它必须以一种具体的方式来传递。它既是一种基本要素，又反映了一种相互影响的关系，体现出其特点和功能。

　　Which——通道和媒介。"通道"是在教育信息发生以后，通过某种方式，通过一方与另一方之间的交流渠道而形成的。媒介是教育信息的载体，是信息传递的通道。

　　Whom——教学对象，也就是学生。受教育者是施教的对象，即他们是教育信息的接受者，从一定程度上讲，他们是与教师平等的主体，因此，他们具有三重作用，即：接受教师的知识信息，接受和搜集其他的教学信息，加工和运用并进行有意识的反馈。

　　With——获得什么样的教育效果。"教育效果"是指通过对学生进行某种形式的教学，学生在接受某种形式的教学过程中，其思维模式、认知结构等方面产生的变化。

　　所以，每一个信息传达的过程，都是一个值得注意与思考的问题。例如，在教学过程中，教师如何设计教学过程、分析教学内容和教学对象、制定教学策略，如何根据具体教学内容使用教学媒体，并对教学效果进行评价等。"五W"理论虽然与教育沟通的进程相一致，但忽视了教师在教学活动中的信息回馈，忽视了各因素间的互动关系。

（二）贝罗的"传播模式"

　　贝罗的"传播模式"将沟通的流程分为四大要素：信息来源、信息传递、沟通渠道、受传者。该模式清晰地说明了在信息传播过程中，影响和决定信息传播的效率和效果的因素是多方面的、复杂的，各因素间既相互联系，又相互制约。

　　人的交往无时不在，交往虽然并不必然是教学活动，但教学活动必然是一种交往。目前，贝罗的"传播模式"已被广泛应用于对教学沟通的分析，它为教学沟通中的结构化要素提供新的启发，并为确定教学沟通中的变数奠定了基础。

　　贝罗的"传播模式"的产生，使得关注的焦点由"物"转到了"人"，由"消息来源"转到了"接收对象"。同时，也为我们提供了一条关于教育交流的规则。其组成元素更易于了解，其运作方式更能体现沟通的实质。不过这种方式也有一定的不足，因为这种方式的交流并不只是一种简单的交流，更多的是有助于学生的整体发展。贝罗的这种交流方式，是一种简单的、直线的交流方式，不够有效。基于交际论的教学设计模型，更多的是对其艺术方面的反映，而非对其创造力的反映。作为一名优秀的交际者，要把知识和技能进行有效的传播，并对学生的思想和行为产生影响，就需要具备一定的交际性。因此，要想使教学沟通达到最佳的效果，就需要对各种影响因素进行分析，并对其进行有效的沟通。

二、现代学习理论

20 世纪早期，美国心理学家约翰·华生创立了一种行为主义学习理论，他相信人们的一切行动都是由学习而来，所处的环境会影响人们的行动方式，不管是健康的行动方式或是异常的行动方式，都可以从学习中得到，并且可以在学习中加以改变、增强或消除。斯金纳将其发展到了一个新的高度，他提出了一个新的观点，那就是心理科学关注的"操作条件反射"是外在引起的，而非内在的，如何找到一个被实验对象所操控的刺激，然后再去分析生物体对此的响应。

教学设计受到了行为主义学习理论注重客观行为与强化的观点等思想的深刻影响，但它将学习看作机械的、被动的。由于人的主观能动性的否定，该理论逐渐显得无足轻重，在 20 世纪 60 年代末至 70 年代初，行为主义学习理论逐渐被认知主义学习理论所替代。

认知主义学习理论基于布鲁纳的"发现学习"、奥苏贝尔的"意义学习"、布鲁姆的"掌握学习"、加涅的"积累学习"，提出了"个人觉察"在学习中的不容忽视的地位，强调了"个人觉察"在学习中的重要性。美国现代知名认知心理学者布鲁纳指出："学习就是一个人通过现有的认知体系，对新的知识进行处理和修改，从而使其成为一个新的认识体系。"因此，他主张，学生不再是一个消极地接受知识的人，而是一个积极的处理信息的人。加涅的积累学习理论又被称为学习层次分类理论，他运用信息处理模型，将学习的信息处理分为动机、领会、习得、保持、回忆、概括、作业、反馈，并将教育活动中的各个环节一一联系，突出了教师的引导作用。

建构主义学习理论认为，学习是一个人根据已有的学习基础，在一定的环境下，通过主客体之间的互动关系，积极主动地建构自己的心理意义的一个过程。强调了学生在认识中的主体性和教师在指导中的作用，是认识的深入。20

世纪90年代以后，一种新的建构主义思想在课堂上得到了广泛的应用，其注重教学中师生之间、生生之间的互相作用。

马斯洛、罗杰斯等人提出了人本主义学习理论，他们主张教育的功能仅仅是提供一种安全、自由、亲切的精神氛围，并且相信人类的潜力可以通过自身的努力得到发挥，因此，他们始终遵循着人性化的原则：教学目的、学生的自我意识、教学过程、学生的自由发展，以及教学原则：真诚、信任、理解。只有在教育理论的指引下，并与自己的教育工作实际相联系，才能从根本上把握教育的实质，从而为教育的教学设计提供最直观的理论支撑。

第四节　初中数学教学的功能意义

数学教学从本质上来说，并不是为了或不仅仅是为了培养数学家、数学天才而开展，从当前来看，培养人的数学思维和解决问题的方法，拓展人的大脑中的数学空间，从而推动人的全面发展和提升，这非常关键。具体地说，目前基础教育中的数学，着重从学生现有的生活经验开始，让他们自己去体验，去理解和运用实际的、抽象的、难解的数学题目。这样才能让学生既全面地学习和运用数学，又全面地发展自己的能力。接下来，笔者就从四个方面对数学教学的意义进行阐述。

一、学习数学能够使学生的智力结构得到发展

智力结构是数学教学所培养和形成人的素质中的主要组成部分。学生们在数与代数、图形与几何、统计与概率、综合与实践等各个领域中，对真实的事物进行观察和理解，使他们能够对数学的概念有一个全面的理解，那就是数学是从人类实践活动中产生和发展出来的，并且它还被大量地运用到了实际生活中。比如，一名数学教师在教授"二次根式加减法"时，着重让学生明白，二次根式加减法的先决条件是找到同类二次根式，并且只有同类二次根式，才可以进行加减。举例来说，这个问题可以很好地比喻为"牛羊问题"，如果将两个具有同样数量的群体称为牛群和羊群，那么当将它们进行组合时，就可以将一群牛放进牛棚，一群羊放进羊棚，这就是 $(\sqrt[2]{5} - \sqrt[4]{5}) + (\sqrt[5]{3} - \sqrt[3]{3})$。通过这种方式，就可以让学生清楚地认识到，寻找同类二次根式的实质就是被开方数

相同，从而让学生对同类二次根式有了更深层次的认识。

思维品质是智力质量的核心，它体现在思维的灵活性、严谨性、批判性、广泛性和创造力上。

灵活性就是不会受到太多的思想束缚，可以精确地调节自己的思想。所以，在我们的教育教学中，一般都主张一道题用多种方法来解答，这也是一种思维方式。比如，在学习了平行四边形判断定理1（两组对边分别相等的四边形是平行四边形）和判断定理2（两组对角分别相等的四边形是平行四边形）后，要证明定理3和定理4，就可以通过定义证明法、定理1或定理2等多种方法进行证明。

严谨性体现在对问题的思考上，要做到条理分明，在数学中，我们可以采用直觉法来求解问题，但是我们不应该让学生只局限于直觉的知识层面，而应该让他们使用理性的思维来进行思考。但是必须注意计算严密合理、逻辑严谨。

批判性就是对一些数学表达或定理论证，敢于提出自己的见解，而不是毫无目的、一味盲从地接受。

广泛性是指可以对一个数学实例或问题进行多方面的说明，并可以用多种形式来表达和解决问题。比如：要说明两条直线平行，可以从多个方面来说明和界定：第一种是文字语言：m 线与 n 线平行；第二种是用符号语言：$m//n$。

创造力指的是思维活动的创新性程度，分析和解决问题时的方式、方法和结果具有新颖、独特的特点，在发现和解决延伸问题方面，它是一种具有创造性思维的表现。

这样看来，要想培养出学生优秀的思维品质，就一定要逐渐提高他们的创新的意识和创新的能力，这对于进行数学教学，尤其是对初中生的数学教学，具有十分重要的作用。

二、钻研数学能够健全学生的心理素质

一个人的成功和失败，不仅是因为他的智慧，更多的是因为他的心性。亦即，人的心理品质能否与其所处的环境相匹配，对于学业与人生的成功具有一种均衡与调节的作用。

由于数学的抽象性质，在求解数学问题的时候往往会出现很多的难题，也会让学生经历很多的挫折与失败，这个时候就是他们锤炼自己的心理素质的最好机会。有一句话说得好："若学生在解题过程中没有机会尝尽为求解而奋斗

的喜怒哀乐，那他的数学解题训练也就在最关键的地方失败了。"由此可见，愈挫愈勇、百折不挠的优秀心理素质，是不会在温室中养成的。

三、感知数学能够增强学生的审美意识

从古代开始，数学就引起了人们的兴趣，与自然美和艺术美相比，数学属于一种理性美，如果没有一定的数学素养，人是无法体会和发现到的。勾股定理将所有的直角三角形三条边的长度都用一种简洁的方式表示出来，它的求解和推广都是一种审美的享受；黄金分割呈现出一种均衡的关系，为很多女士解决了穿着上的难题。

另外，许多其他的具有对称性的数学问题，在它们的构造中，能给予我们最好的启示，这就是数学之美。因此，通过对数学的感知和学习，可以提高学生的美学性。

四、初中数学教学的育人功能

新课标将道德教育置于非常突出的位置，并提出"将数学教学内容与学生实际相结合，对学生进行思想道德教育，逐渐建立起科学的世界观和人生观是数学教学的一项重要任务"。同时，它也给新课标下的数学教学带来了新的机遇。

(一) 以数学史育人

每一个数学结果都是一个感人的历史故事。在历史长河中，数学史是人类数千年文明历史中不可缺少的一部分。德国数学史专家汉克尔，在一百多年以前，曾生动地描述了数学与其他自然学科之间的明显区别："在许多学科中，上一辈建设，下一辈毁坏，这一辈创作，又被另外一辈毁坏。只有数学，才能让这座古老的建筑变得更加坚固。"

可以说，数学是一门积淀的学科，其自身也是一种记录，亦即一种将过去融入当前和未来的学科。从历史的角度来看，可以拓宽学生的视野，启发他们的思维，提高他们的学习兴趣。特别是我国古代数学家的卓越成就，是弘扬爱国主义、催人奋发的好教材，能培养学生的民族自尊心和自豪感。

(二) 以数学美育人

培根曾说过，美的至高无上的部分，是图像所不能表达的，也是初次观察所不能企及的。尤其是对于初中生来说，由于他们受到阅历、知识水平和审美能力等方面的制约，难以完全体会到审美事物的真实内涵，因此，我们必须继续挖掘审美内涵，及时进行指导，让他们感受到一种美的特质。这对拓展学生的非智力因素，培养创造美感，发展智力品质，造就一代优秀人才具有十分重要的意义。

美无处不在，如果我们对它进行了仔细发掘，我们将会找到大量的审美教育资源。有些人认为，数学美可以概括为：简洁美、对称美、和谐美、奇异美。我们分别就这四方面做一些讨论和分析：

1. 简洁美

在我们的日常交际中，经常会用到"成千上万""百万""千万""亿万"等词语。但数学可以用更简单的语言来表达。从微观的角度来看，在我们的生活中，"差之毫厘，谬以千里"，可以用数学单位来描述小的东西，也可以用来描述大的东西，比如时间的长短，比如距离的远近，比如"10～15""10～45"等，都是最好的解释，也是最简洁的。

2. 对称美

在日常生活中，有许多具有对称性的图形，也有许多具有对称性的建筑。在几何图形中，点对称，线对称，面对称，而球形是点对称的。希腊的一位哲学家曾说过，在一切三维形状中，球是最美丽的，在一切平面形状中，圆是最美丽的。这一说法的产生，大概就是建立在球与圆的对称基础上。

3. 和谐美

和谐与统一，是数学之美的另一个方面。匀称也可以说是和谐的一种体现，但是"统一""和谐"的表达范围更广。矩阵式、行列式不仅在代数中扮演着重要的角色，而且在几何研究中也扮演着重要的角色，它们将几何图形之间的一些内部关系更加清晰地展现出来，是对代数与几何和谐统一的进一步体现。

4. 奇异美

很多人热爱数学，就是因为它的奇异性，奇异往往和稀有有关，所以才会让人更愿意去探究、去了解、去欣赏。

教师运用深刻的分析、形象的比喻、巧妙的启发、严密的推理、生动的语言、精心的板书，充分展示了数学中的"美"，使学生在学习中感受到"美"。

所以，在课堂上，我们要把握好机会，有目的地进行指导，使学生能够欣赏到数学的美。在一定程度上，求解数学问题的过程也可以看作一种审美和鉴赏美的活动，在这个活动中，学生们会感到快乐，并不断提高自己的学习素养。

(三) 以数学中的唯物辩证法育人

数学是一门研究数量关系和空间形式的学科。尽管在单纯的数学知识中，道德教育的意义并不显著，但是，我们明白，唯物论与辩证法是科学世界观的中心，而任何数学知识的产生，都与对客观世界的探究密不可分。比如：正与负、有限与无限、常量与变量、函数与反函数、数与形都是灌输对立统一、否定之否定、量变与质变等辩证思想的绝好教材。而实与虚的关系也是这样，它们是相对的，又是相互依赖的，没有虚的，就没有实的，它们又统一于复数 a 加 bi 之中。并且，在特定的条件下，实数与虚数能够相互转化，实数 b 乘以 i 就会转变为虚数，虚数 bi 再乘以 i 就会转化为实数。由于客观世界是对立地统一、运动、变化、发展，因此，数学是反映客观世界中量的变化规律的一种，它是一种富有辩证色彩的事物。因此，在数学教学中，蕴含着极为丰富的唯物和辩证因子。因而，初中数学中蕴含着极其丰富的唯物辩证法因素，既能使学生更好地理解数学，又能使他们培养出更好的科学世界观。

(四) 以数学的严谨性育人

数学是一门具有很强的逻辑性和高度抽象性的学科，在数学中，对某些概念、法则的应用和结果的验证都有着十分严谨的要求和规范。在数学学习过程中，数字和图形有很深的交集，数字不能有任何错误，图形要力求完美，要符合要求，这都会激励学生对自己提出更高的要求，做任何事情都要认真细致，做事情要有条理，要对自己的计算结果负责。

所以，学习数学的终极目标不只是获取与之有关的知识，更主要的是，在学习中，接收到数学的精神与思想，并将之转化为自身的智力，提高思维能力，培养情操修养，并将之运用到工作、学习与生活中。

因此，一个多才多艺的人，不仅要有渊博的学识，还要有高尚的品格。将道德教育融入数学教学中，要做到自然渗透、隐而不漏，要增强渗透的自觉性，要把握渗透的可行性，要注意渗透的反复性，与学生的思想实际和知识的接受能力相结合，一点一滴，潜移默化，从而实现对学生进行德育和智育的双重教育。

第三章　初中数学教学设计的内容

第一节　概念课设计

一、初中数学概念课教学现状

不像很多其他的科目，数学是一个很有组织的科目。在初中阶段，随着数学概念的不断增加，数学概念的学习就成了一个非常关键的环节。由于数学概念是一种抽象化的东西，因此，如何引入新的概念是一件非常困难的事情。在当代教学中，人们对"概念"的理解还不够透彻，只是简单地把"概念"当成"结果"来记，并把它"灌输"到课堂上。在教学中，教师花了很多时间来做练习，然后再去讲解，忽略了把概念和练习联系起来，造成学生对概念的理解不够，无法形成一系列的数学概念。在传统的数学教学中，单纯地强调"结果"，造成了对"结果"的认识不够深刻。在进行数学概念的教学过程中，教师们仅仅是简单地对学生们进行了一次又一次的反复强化，却缺少了对概念体系的整合以及对不同概念之间关系的解释；学生们主要是以考试为目的，重复地复习一些基本的知识，但他们对一些基本的知识联系不够紧密，对一些基本的概念理解不够深入。

二、初中数学概念课教学特性分析

（一）初中数学概念分类及特点

在初中数学教科书中，有将近 400 个的数学概念，其总类别可以分为属概念和种概念、独立概念和普遍概念、抽象概念和具体概念。"属"和"种"之间存在着一种内在的联系；抽象和具体又存在着某种相对关系；可以以数学概念的外延所包含的具体对象的数量为依据，来对两种情况进行定义。独立概念是指外延中只有一个具体对象，而普遍概念则是指外延中包括了多个具体对象。比如，自然数 1 属于独立概念，自然数属于普遍概念。

数学概念是在现实生活中，对某种关系和形式所共有的特征进行的一种抽象概括，其特点是抽象的，其本质特征可以通过空间形式、数量关系等来反映。本章从初中数学教材的内容入手，指出了许多概念之间存在着一定的层次性和关联性。数学概念有其自身的特点，弄清其特点，才能更好地进行概念的教学，才能更好地让学生了解概念。

（二）初中数学概念课的作用

作为最根本的数学知识，数学概念是开展数学学习的先决条件，是开展数学推理与思维的依据。因此，在当前的初中数学教学中，重视"以人为本"仍然是十分必要的。同时，在数学概念的教学中，可以通过对数学思想、数学方法、数学观点等方面的介绍，让学生感受到数学的魅力，对数学概念有一个更加深入的了解和把握。

三、初中数学概念课教学设计与策略

（一）数学概念课的特点及教学模式

在数学课程中，数学概念的教学是一个很重要的环节，在数学概念的教学中，主要有引入概念、学生接受理解、巩固概念、建立概念体系四个方面。引入概念是课堂教学的"第一课"，有了一个好的开始就等于成功了一半，所以，课堂教学的"第一课"对初中生来说非常重要。恰当而又严谨地介绍数学概念，能够激发出学生的学习兴趣，为其奠定扎实的基础。反之，会让学生的理解产生偏差，让他们感到枯燥乏味，进而导致对数学概念的学习兴趣下降。在引入概念之后，还需对概念中存在的名词、关系词进行进一步的说明，使其内涵和特征更为明确，易于学生接受和理解。在此基础上，提出一种新的数学问题求解方法。所以，在学习过程中，先理解概念，再将其应用到实际中去，可以起到一个承前启后的效果。只有对概念有很好的了解，并将其运用到数学习题中，才能达到巩固深化理解的目的。建立一个数学概念体系，要求学生对每一个概念都有很好的把握。只有从概念掌握开始，从应用练习开始，到各个概念之间的逻辑联系，学生们才可以对知识进行有效的掌握，从而建立起一个互相交错的数学概念知识体系。

数学概念课的结构具体包括了以下内容：概念的符号表达，逻辑关系的表达，概念的实质，概念表达的原理，解决问题的范例，教学概念与其他概念的关系。

目前，在初中数学课程中，普遍采用的是"概念生成"和"概念同化"两种方法。在进行概念生成的过程中，教师可以用一系列生活中的事物来指导学生去寻找它们的共同特征，把这个特征提取出来，再返回到概念中去。与概念同化的方法相比，概念生成的方法比较容易。采用"概念同化"的方法进行教学，首先，教师把一个概念直接表达出来；其次，在已经获得知识的情况下，对它的关系进行分析；最后，再返回到概念中去。在不同的阶段，针对不同的教学主题，所采取的教学方法也是不尽相同的。而在小学阶段，采用"概念生成"法进行课堂教学更有效，对于有一定知识积累和认识水平的初中生来说，应采用概念同化的方法进行教学。然而，影响概念课堂教学质量的因素有很多，因此，要将这两种方法有机地融合起来，才能取得较好的教学效果。

（二）初中数学概念课教学策略

初中生在进行初中数学的学习过程中，经常会碰到这样的问题：初中的数学概念比较多，而且比较抽象，所以学生们的反应比较迟钝，觉得数学概念的课堂教学很无聊，从而对数学概念的学习产生了一定的抵触情绪。为了能更好地开展数学概念的教学，让学生能够更容易地接受数学概念，从而为后期的数学学习打下扎实的基础，在进行数学概念的教学时，可以将其大致划分成四个基本的步骤，分别是：概念的引入、理解、巩固和体系的构建。

辅助性的教学用具：当遇到一些较为抽象的数学概念时，要让学生直观地接受是很难的，可以通过一些有图片的工具来感受这些概念所蕴含的原理。

问题情境式的概念导入：在对概念进行解释之前，用一种简单的提出问题的方式导入概念，这样就可以防止学生出现机械地接受概念的情况，同时还能够激发他们的学习兴趣，让他们对概念有更深入的了解。

比较性知识引入：当提出一个新的概念的时候，可以先回顾一下跟这个概念有关的已经学习过的概念，同时，在引入新概念的过程中，学生对旧概念的理解也会加深，从而有助于新概念的形成。

通过对概念的巩固，不仅能够加深学生对概念的理解，增强对概念的灵活应用，还能够增强学生解题和思考的能力，有利于建立起一个完整的数学知识体系。在进行概念巩固的过程中，可以从三个角度出发：在习题难易层次的解题过程中进行巩固；相似概念、易混淆概念的对比巩固；在概念知识梳理中进行巩固。在一次教学后，教师将由浅入深、由简单到复杂的题目给学生练习。经过简单的习题训练，能够加深对概念知识的回顾与记忆，进行一定难度的习题训练，增强学生运用概念解题的能力，开拓思维，进而能够加深对概念的理解，最终实现对概念的彻底把握。在教学中，教师把相似的概念放到一起比较，让学生分辨出它们之间的差别，这样就能消除他们对概念理解上的混乱。在每个板块的学习阶段，教师对所学的概念知识进行梳理，并指导学生对所学的知识进行整理，将所学的知识进行串联，使学生在自己的脑海中形成一个概念知识网络。

在新课改背景下，加强初中生的数学思想教育，具有重要的现实意义。同时，一种有效的概念教学策略能够激发学生对概念学习的兴趣，发展他们的思维能力，增强他们在数学问题上的解决能力，为他们在高中的数学学习打下坚实的基础。

第二节　讲评课设计

当前，初中数学讲评课教学仍存在着针对性差、形式单调等问题。为了解决上述问题，教师们要认真地对自身进行反思，并在讲评方法上继续完善，要坚持用针对性原则、层次性原则、鼓励性原则以及主观性原则等来指导课堂教学，从而提高讲评课的效果。

一、初中数学讲评课的必要性

在初中数学课堂教学中，讲评课是一种主要的教学形式。在课堂教学中，教师们往往采用测试的方式来检验学生在课堂上所取得的成绩。命题环节、考试环节和讲评环节是确保考试质量不可或缺的三个环节，而且这三个环节相互依存、环环相扣。整个教学过程中，在讲评环节，教师可以利用适当的教学方法来发挥讲评课的应用价值，从而帮助学生分析得失、纠正做题时出现的错误、建立良好的做题思路，持续地对学生的知识进行巩固和提高。在初中高年级学生的数学课堂上，教师的评析课堂显得尤为重要。所以，提高初中数学讲评课的教学水平，可以对学生在学习过程中出现的问题进行及时的诊断，从而提高整个课堂的教学质量。

二、初中数学讲评课的现状

（一）讲评课缺乏针对性

许多教师还没有意识到数学讲评课的重要性，他们在开展讲评课的时候，往往是很随便的，缺少针对性。还有一些教师没有做好课前的准备工作，也没有一份教案，在进行讲解的时候，缺少了缜密的思维，更不知道如何让学生的知识得到更好的扩展。这些问题不但影响了课堂教学质量，而且也使学生难以端正对讲评课的学习态度。

（二）讲评课形式不合理

在教学实践中，对学生进行正确的评价，是教学讲评课活动的一个重要环节。然而，当前许多数学讲评课存在着格式不合理、占用课时过多等问题，使学生产生了厌烦情绪，影响了教学效果。课堂教学中，大多数教师所使用的课堂教学模式有：对答式、全面式和不确定式。这三种教学模式各有其不足之处。对答式的讲评方式，缺少了创新。教师们把对答案作为自己的目标，就题论题，经常会出现教师让学生自己纠错或者教师以书面形式将答案直接呈现给学生的情况。但是，学生们没有经过任何思考，只会一味地抄写，这种情况导致了数学讲评课的效果下降。这种"填鸭式"的授课方式，不利于学生独立思考，影响了课堂教学的效果。全面式的讲评方式，指的是教师不分主次地对知识展开讲解，对所有知识和试题都是逐题讲解，并没有提前对知识点进行统计和归类。这是一种"眉毛胡子一把抓"式的讲评方式，学生不仅太被动了，还会浪费他们的学习时间。不确定式的讲评方式是指一些数学教师在讲解内容时，讲评的出发点不够科学，也就是忽略了学生的基础能力，过分地扩大了知识点；有些教师的讲评起点太低，学生以为自己已经掌握了所要解释的内容，就不会专心听讲。这一"无节制"的评价方式，对调动学生的学习热情有不利影响，也制约着讲评课的价值发挥。

三、初中数学讲评课的基本原则

（一）针对性原则与层次性原则

在教学实践中，要有一定的教学目标、一定的层次。与其他类型的教学模式相比，课堂上的教学模式并没有强调教学内容的系统性，更具有一定的针对性。教师要针对学生在解题过程中所产生的思维谬误和理解偏差等问题，让学生对自己思维和知识上的不足进行反思，并针对这些问题展开讲评。具有较高针对性的讲评课可以帮助学生们更好地理解正确的解题规律、解题方法和思路，从而达到对症下药的目的，让学生们的学习能力得到切实的提高。在数学讲评课中，还应该注重层次性的原则，以学生对数学知识点的理解能力为基础，循序渐进，由浅入深，逐渐提高学生的数学思维能力。

（二）鼓励性原则

对于初中生来说，数学要比其他的课程更加深奥，也更加难以理解。特别是在测验结束后，他们的情感会被干扰，从而产生缺乏信心的行为。在教学过程中，教师要根据激励的原理，对学生进行正面的肯定与鼓励，从而培养他们的自信。对每一个被夸奖的人都要区别对待，这样才能给被夸奖的人以激励和压力。比如，教师应该对思维敏捷、解题思路清晰、解题标准化高的学生进行主动表扬，在学生中建立一个良好的典范，并激励其他学生向其学习。当面对学生出现的问题时，教师的批评不能对他们的自尊进行打击，也不能对他们进行指指点点，更不能对他们进行嘲讽，而要表示出对他们的期待，对他们进行真诚的指导，让他们能够面对自己的短板，战胜自己在数学学习过程中遇到的种种问题，找到自己的方向，并主动投入下一步的数学学习过程中。

（三）主体性原则

在数学讲评课中，要注意调动学生的学习积极性，防止"满堂灌"的做法。在讲评课中，教师要起到点拨、引导和组织等方面的功能，利用一些具有开放性、探索性和启发性的问题来刺激学生的思考，并鼓励他们进行探讨，在积极思考、大胆假设、积极探究的解题过程中，教师们可以把握好自己的解题思路，并对自己的解题方式进行归纳，从而取得事半功倍的效果，还可以提高学生的创造力。在课堂教学过程中，通过各组织的协同活动，使学生接受知识，发展智能，提高能力，从而使他们真正地成为课堂教学的"主人"。

四、初中数学讲评课的基本环节

数学讲评课的基本模式包括：课前准备、成绩概述、简单题目自主纠错、难点和重点题目讲解与总结、知识点迁移和练习、课堂总结。

首先，就是上课之前的预习。在评阅试卷的过程中，教师要对考试情况进行统计，对考查类型、考点分布、错题率和考试结果等内容进行统计，这是讲评课开始前不可缺少的一个环节，也是讲评课价值发挥的重要依据。当前，一些教师对课堂教学中讲课难度、要点的判断都是以主观判断为主，这样做是不合理的，是不可取的。教师还要重视对试卷的分析工作，对试卷的结构、内容和答案要明确，对试卷每部分的讲解时间进行确定，实现整体规划。除此之外，在课前准备环节，教师还应该对错误产生的原因进行分析，并对自己教学过程中存在的不足之处进行分析，从而对学生知识和能力方面的不足有更多的了解，有针对性地展开讲评。

其次，在讲评课的时候，教师要做一个总体的介绍，向同学们解释一下试题的特点，给出试题的分数和个人分数（平均分、优秀率、及格率、高分人数等），对成绩好、进步快的同学给予赞扬，并且指出答题过程中普遍出现的问题。

再次，对于一些容易出错的问题，教师可以要求同学们自己纠正错误，并进行自我反省。另外，教师要解释好试卷中的难点和重点，并围绕着教学目标，指导学生掌握正确的解题方法和技巧。教师可以对错题进行分析，归纳出学生思维中存在的共性障碍点，在课堂讲评的过程中，就可以围绕着这个思维障碍展开延伸，从而设计出二次过关试题，将学生的思维惯性充分利用起来，帮助他们对知识点进行巩固，查找缺失的地方，并将其补全。

最后，教师在本节课中要对所学的知识做一个小结，并在此基础上提出解决问题的思路。

五、初中数学讲评课的策略

（一）讲评课要注重时效性

数学讲评课应在学生考完试后及时展开，这时学生对考试内容记忆深刻，对数学错题的求知欲望较强。教师若能把握这种心理，适时地对学生进行讲评，调动他们的积极性，这时，他们的学习效果就会更好。

（二）重方法指导和思维训练，激发学生创新思维

讲评课要注意培养学生的逻辑思维，激发他们的创新思维，达到一题多

解，一题多变。在讲评课上，教师要营造一个好的学习气氛，运用启发式教学法，让学生更好地发挥自己的主观能动性。在课堂上，教师不能简单地给出问题的解答方法，而是要激发学生的思维能力，并对其进行归纳。教师也应该由一道题拓展到一类题，从一个知识点延伸到一个完整的知识网络，从而达到举一反三、触类旁通的目的，让学生们能够更好地了解这一类题目的解题技巧，从而提高他们的整体数学能力。

（三）引导学生对试卷结果进行自我反思、自我评价

在数学讲评课中，要留给学生足够的时间进行自我反思和评估，让他们自己去发现错误，并对错误出现的原因进行剖析，同时通过与同学的沟通和查找资料来对所掌握的知识进行更深层次的强化。在自我反思后，学生可以对错误产生的原因做出判断，比如是自己对学习内容的理解不深刻，难以灵活运用而造成的失误。借由此检讨，使学生们在日后的学习中，避免重蹈覆辙。所以，教师们应该及时地让学生们对错题进行梳理，对自己存在的问题进行总结和记录，让他们能够对知识点的应用技巧进行充分的把握，从而可以得到正确的解题思路。另外，在对自己的错误进行反省的过程中，学生更容易积极地去接受新的东西，这也激发了他们的好奇心，使得课堂氛围更加活泼，学习效果也更加显著。

进行自我反思的不只是学生，教师们也应当展开自己的教学反思，统计出学生的错题类型和错误的比率，来把握学生的失分点，并对自己的教学方式进行反思，从而提高自己的教学水平。

（四）试卷的讲评要重视方法

在教学过程中，要注重教学中的解题方法。首先，要抓住课堂教学中的典型错误。对错误进行分析是一项非常关键的工作，在进行讲评的时候，教师们要注意到一些具有代表性的错误，并且要注意到讲评的方式，对学生们在考试过程中出现的一些共性问题或错误进行总结，从而让他们对这些问题做出正确的判断，并对其进行修正。

其次，在教学中要注重对学生的思维方式进行指导，充分发挥他们的想象力，使他们具有较强的解决问题的能力和逻辑性。在与教师展开主动的解题互动过程中，学生能够掌握发现问题、分析问题和解决问题的过程和思维，并利用类似题目的测试在课堂上对其进行巩固，从而可以有效地提高学生在讲评课中的学习效率。

在"一题多解"的教学中，教师可以让学生们把自己的解题方法写在黑板上，这样可以激发学生们的积极性，激发他们的潜力，使学生们体会到做小老师的乐趣。在对这些开放性问题进行讲解的时候，教师们要自觉地去培育他们的竞争力，去挖掘他们的学习潜力，让他们在一个快乐而丰富的学习氛围中，去感受他们对数学的热爱，去研究这些难题，去提高自己的数学综合水平。

最后，在数学讲评课中，还应当重视解决问题的逻辑问题，避免以题讲题的情况，要把知识融合在一起，组成一个具有较高逻辑度的知识网，刺激学生的创造力，扩大他们的思考范围，从而取得事半功倍的效果。

（五）对讲评内容进行归类分析

要提高初中数学讲评课的有效性，必须在课堂教学之前对课堂教学中所涉及的教学内容进行分类和整理。下面从知识点、数学思维方法和错误典型三个方面对授课内容进行划分。

首先，我们将这些知识进行归类。在对试题讲评的时候，试题中可能包含了许多知识，这些知识并不是集中地呈现出来，而是分布在不同的题目中。教师们可以将试题中相同类型的知识进行归类和总结，这样能够让学生从总体上对这些知识的运用有一个全面的了解，从而实现对这些知识的巩固。当然，对于讲评内容的分类，也可以让学生自己来进行，教师在其中扮演着引导和解答疑惑的角色，从而培养学生能够自主分类的能力，让他们的思路得到扩展，从而提高他们的学习效率。

其次，依据数学思维方法对讲评进行分类，是数学教学中对讲评进行分类和分析的一个主要发展趋势。初中数学中有很多的数学思想方法，比如：常用的方程思想、分类讨论、换元法、整体代入法、数形结合法、待定系数法等。在对数学思想方法进行分类后，对其进行分析，能够有助于学生建立起用数学知识解决问题的思路，提高对数学知识的应用成效，从而保证数学的学习效率。

最后，对课堂教学中出现的错误典型进行总结和归纳。由于学生个体之间存在着一定的差别，所以他们所犯的错误种类也各不相同。比如，有些学生是因为对概念、定理或法则的认识不够透彻而造成了错误，有些学生是因为过程分析、计算、思维迁移、解题不规范或审题不仔细而造成了错误。对这些错误的类型进行归类，能够使学生认识到自己的不足，消除自己的知识盲区，从而使自己找到正确的答案，防止重复出现相同的错误。这种分类方法通常是让学生自己完成的，教师要适时地给予督促和引导。

所以，对讲评内容进行归类分析，对于提高课堂教学质量具有重要意义。教师应当以学生的特点、讲评内容的不同为基础，对学生的学习进度展开科学的评估，从而保证数学讲评课的教学质量。

（六）注重总结和能力的提升

期中考试和模拟考试，以及与之有关的考试，如质量检查，都是教育系统中的主要内容。由于这种类型的试题具有较高的难度和较为灵活的形式，因此，在进行讲评时，教师必须做好充分的准备，并强化对整个教学的掌控，从而确保整个讲评课的有效性。

首先，在进行授课之前，教师要对试题类型、考点、思路和方式进行全面的梳理、归纳和总结，要准备好自己的课件，要对授课的时间进行恰当的安排。

其次，由于这几类试题所涵盖的课程范围较广，因此，教师必须进行小组研讨，并仔细地完成评分表格。

最后，在讲评的时候要特别留意，教师们不仅要把重点放在学习成果上，更要以测验为基础，以讲评为平台，对试题展开全方位的扩展，改变题型，以达到复习、总结的效果。

因此，提高初中数学课堂的教学质量是十分必要的。在进行数学讲评课的时候，教师们要注意时效性，重视方法指导和思维培养，鼓励学生们的创造性思维，指导他们对考试成绩进行自我反思、自我评价，讲究讲解方式，让他们的逻辑思维能力和创造能力得到提高，养成更好的解决问题的习惯，进而提高教师的教学质量。

第三节　习题课设计

在初中数学教学中，数学习题课是一种非常重要的课型，对于巩固新授知识、提高教学质量具有非常大的意义。通过开设练习班，既能使学生更好地了解所学的知识，又能使学生更好地利用所学的知识，更能使学生更好地应用所学到的知识去解答一些实际问题。通过对数学知识的系统掌握，学生能够形成科学的数学学科理念，进而提高自己解决问题的能力。因此，在初中数学的教学中，要注重练习课程，并有针对性地对学生进行训练，从而提高他们的数学学习能力。初中数学教师应该把习题课放在自己的教学过程中，提高自己的教学效果，让自己的学生逐步养成好的数学学习习惯。

一、初中数学习题课教学存在的问题

在初中各个学科的教学过程中，教师都要注重对已学过的内容进行查漏补缺，这一点同样适用于数学教学。国家教育政策对初中的教学提出了更高的要求，即要对教师的教学内容进行系统化的指导。在新的数学教学过程中，学生们要学会新的知识，然后用新的知识结合旧的知识来解决新的问题。而习题课就是针对学生们学习中的弱项来进行强化，由此可以看出，习题课对于提高学生的学习效果起着非常关键的作用。伴随着学生所学到的数学知识不断增多，在教育的过程中，他们所面对的知识的薄弱点也会变得更加难以察觉。而在数学习题课上，就应对这个问题进行有效的处理，从而让学生能够将所要掌握的知识补齐。当前，国内的初中已开始注重数学习题课的教学，但在实际的教学过程中，仍有许多的问题，主要体现在：

(一) 习题教学针对性不强

有的学校的习题课安排得不太合理，与新授课之间没有间隔，教师不能很好地找到学生的知识薄弱环节。因此，在上习题课的时候就会缺少针对性，不能充分发挥出习题教学查漏补缺的效果。除此之外，习题教学的教学方式落后，不够深刻，没有对学生的做题情况进行仔细的分析，没有反映出学生的个体差异，也没有给他们提供针对性指导，不能有效地引起他们的学习兴趣，也造成了教学的低效率。

(二) 教学模式落后

许多初中数学教师在开设习题课的时候，只是按照习题的先后次序来进行讲解，仅仅是为了让学生能够得到正确的答案，或仅仅是根据习题设计的内容来给学生进行相应的知识和解题方式的解析，而很少有教师能够在习题讲解的过程中，对学生的解题思路进行培养，所以不能帮助学生形成良好的数学思维方式，也就不能提高学生的数学解题能力和解决实际问题的能力。

(三) 只重视练习的数量不重视练习的质量

由于受到应试教育观念的制约，许多初中的数学教师在课堂上只注重速度，追求数量，而忽略了课堂练习的质量。在习题教学的课堂中，教师处于主导的位置，而忽略了学生在其中的作用。教师只是讲自己的解题思路和解题方式，而学生只是被动地接受教师所传授的知识，不能对习题展开深刻的思考。这样，在习题课上经常会发生教师筋疲力尽地对习题进行解释，而学生们在上课时却是一脸懵懂的情况，这导致了课堂上的教学效果非常差，之后再面对类似的题型，他们依然不能把握住自己的解题思路，也就不能精确地对问题进行解答。

二、提升初中数学习题课教学的有效性措施

（一）抓好选题，提升习题质量

在整个数学课堂上，习题课是一个非常关键的环节，它是新授课内容的一个很好的补充。如何选取优质的练习，是提高练习效率的一个关键问题。教师要对学生的学习过程进行仔细的研究，要对他们的学习过程有一个全面的认识，并在此基础上选择习题。教师们应该注重题目的选材，挑选一些具有典型性、针对性的题目，提高题目的质量，唯有如此，才可以起到举一反三的作用，提高学生对所学知识的理解和应用的能力，提高数学的教学品质。

1. 教师选择的习题要具有典型性

初中的数学，知识范围很广，习题也很多，让人看得头晕目眩。怎样从浩瀚的作业海洋中寻找与自己的目标相适应的作业，是检验教师教学水平的一个关键问题。教师所选取的习题，既要满足新课标的要求，满足教材的设计理念，又要与学生的学情相联系，有助于他们对所学知识的理解和解题能力的提升。这就对数学教师提出了更高的要求，他们要能跳出纷繁复杂的习题海洋，用更高的眼光去审视问题，要擅长从浩瀚的习题海洋中提取精华。教师所选取的练习要有典型意义，要紧密地围绕着课本的内容，与课本中的基本理念、原理相联系，不能随便地超越课本的知识范畴，提高练习的难度。这些有代表性的练习还要是常见但类型多样，覆盖了课本中复杂的知识。同时，有代表性的问题也必须满足于学习者的需要。在教学中，如果教师所选用的习题不与学生自身的需要相联系，不利于提高他们的数学学习水平，那么任何一种习题都不具有典型意义。教师要切实把握好符合学生需要、难易程度适当并能反映出教材教学思路的习题，充分起到以习题教学典型引路的效果，从而提高课堂教学的质量。

2. 选择的习题要具有针对性

数学习题课的教学特点是以训练为主，练习是对新讲授的知识进行巩固的一种教学模式。只有对学生进行了高效的培训，数学习题课的教学目标才能更好地完成。所以，习题课教学一定要与教学知识点紧密结合，与学生的学习情况相一致，教学目标要明确，要围绕新课标来展开，使教学中的知识与技能、过程与方法、情感态度与价值观的教学目标得以实现。为了达到教学的立体目的，教师们一定要对课本中的知识进行精确的掌握，对练习进行仔细的考虑和挑选，在练习中将课本中的各个知识点都充分地反映出来。所选择的习题要与学生的学习需要相适应，这是教师在选择习题时的重要标准。对于学生掌握较好的知识点，可以少选择一些习题，而对学生掌握不牢固、易出错的知识点，要多选择一些习题，这样才能让学生有针对性地进行训练，并利用各种各样的习题来持续地巩固所学的知识，从而达到查漏补缺的效果。习题训练要着重于学生容易出错的地方，进行有针对性的训练，提高学生的学习效率，突出教学要点，攻克教学难点，提高教学质量。

3. 选择的习题要具有一定的梯度

在一个班级中，由于学生的学习兴趣不同，知识学习基础不同，智力发展方面也有许多不同，所以他们对课程所授知识的掌握程度也有不同。为此，教师要加强与学生的沟通，对他们的学情有全面的认识，并以他们的实际情况和学习需求为依据来选择习题。在教学中，教师对练习的选取应具有一定的梯度，以满足不同类型的学生在课堂上的需要。对于那些学习成绩较好的学生，教师要挑选出几道难度较高、形式创新的习题，让其有机会展现自己的能力，将自己的性格完全展现出来，让他们可以在习题练习中脱颖而出。而对于那些基础薄弱的学生，教师可以挑选一些难度较低的练习，让学生也可以主动参与到练习中，从而提高他们的自尊心，提高他们的学习兴趣。教师要选择有一定梯度的习题来进行习题课的教学，既要保证成绩优异的同学能够提高学习水平，也要让基础薄弱的学生能够更好地提高他们的学习成绩。教师不能有任何的偏见，要对习题进行精心设计，选择合适的习题，从而提高整个班级的学习水平。

(二) 注重训练，巩固所学知识

强化练习是提高课堂教学效果的一个主要途径，只有在选择好练习的前提下，有针对性地进行练习，才能提高课堂教学效果。在数学课本中，每个章节都会出现一些具有代表性的习题，它们不但能够反映出知识点，而且包括了解题的方式和步骤，因此，教师们要将这些具有代表性的习题进行有效的运用，并挑选出一些与之相关联的习题，对其进行强化练习，使学生对所学的内容更加熟悉，提高习题课的教学效果。在此背景下，通过选取典型、有针对性的习题，强化对学生的培训，使其更好地掌握新的知识点，增强其解题的能力，从而达到提高课堂教学效果的目的。

（三）有效讲解，提高教学效率

在课堂上，教师应重视学生的主体性，调动他们的积极性，使他们在课堂上更好地发挥自己的作用。教师要给学生留足够的时间去完成题目，在讲课的时候，要更多地解析学生们的解题思路和解决问题的方式，并对他们容易出错的部分进行提示，让他们能够找到自己的问题，并加以纠正。对于一些学生不会的问题，教师可以让他们用相互帮助的方式来解决，并有针对性地对他们进行指导。除此之外，教师要注重多使用启发式的讲题方法，以此来激发学生的学习兴趣，并指导学生在已学知识的基础上，利用合作学习的方法来对困难进行解答，同时还可以鼓励学生提出问题，发表自己的看法，从而提高学生的质疑能力和创新能力。

（四）加强课后辅导，巩固教学质量

在练习课程完成后，要做好针对性的指导工作，及时指导课堂中学生不懂的地方，以提高课堂教学效果。在习题试卷发出之后，教师要充分考虑到各个层次学生的情绪，对情绪不佳的学生要进行鼓励和辅导，并帮助他们分析自己的缺陷，指导他们面对问题，激发他们的学习兴趣，建立他们的自信心。同时，教师也要指导学生对练习中出现的问题进行剖析，找出解决问题的方法，弥补知识上的缺陷，逐步加深对问题的理解。在表扬优秀同学的基础上，要引导他们确立更高的目标，防止他们自满。教师要指导学生对自己的错误进行剖析，对错误进行整理，对错误进行归类，找到问题的根源，改正缺点，提高自己的学习效率。除此之外，在课后，教师要对自己的课堂进行及时的教学反思，并针对习题课中存在的问题，给学生安排一些拓展作业，帮助学生对自己所学到的东西进行强化，从而让他们对自己所学到的东西有更好的把握。

在初中数学的课堂上，习题课是一个非常关键的环节，它对于提高初中数学的教学质量起到了非常大的作用，因此，教师们一定要对它给予足够的关注。要精挑细选，选取典型的、有针对性的、有一定梯度的练习；同时，在教学过程中，要加强对学生的培训，并在教学中重视学生的主体性，指导他们运

用正确的思考方式；在此基础上，通过对学生的课外指导，使其在学习过程中能够更好地查找和弥补不足，从而提高学习效率。

第四节　定理（公式）课设计

定理（公式）课是数学教学中非常重要的一部分，对于提高学生的数学素养至关重要。具有较高的抽象性，学生需要具备一定的逻辑思维能力才能理解。定理（公式）在数学学科的各个领域都有广泛的应用，是解决各种数学问题的关键，是数学学科的基础，掌握好定理（公式）对于提高学生的数学素养至关重要。教师在教学中需要注重学生的认知发展，结合实例进行教学、注重证明过程、强化练习等方面，同时针对学生的不同需求和困难，提供个性化的辅导和帮助。通过多元化的评价方式，全面了解学生的学习情况和进步，提高教学质量和效果。定理和公式的魅力在于其内涵的深邃与广泛。它们犹如思维的高塔，让我们的逻辑得以清晰地展现。在数学的世界中，每一个定理都像是一颗璀璨的明珠，而公式则是连接这些明珠的丝线，使得整个数学体系熠熠生辉。因此，如何设计有效的定理（公式）课教学，帮助学生理解和掌握这些知识，是初中数学教师面临的重要问题。

一、初中数学定理（公式）课的教学特性

初中数学定理和公式课的教学特点涵盖了理论性、抽象性、应用性、计算性和系统性五个方面。教师需要在教学中注重体现这些特点，让学生在学习数学定理和公式的过程中，不仅掌握知识本身，还能培养相关的数学素养和解决问题的能力。

（1）理论性强：初中数学定理和公式众多，理论性很强。教师需要循序渐进地对每一个定理和公式进行详细的讲解，让学生理解定理和公式的定义、证明过程和应用方法，培养学生的逻辑思维和数学推理能力。

（2）抽象性强：初中数学定理和公式较多，内容较为抽象，需要教师采用生动形象的语言、图形和实际应用等方式来帮助学生理解和掌握。教师需要引导学生将抽象的数学概念转化为可视、具体的图形和实际问题，从而促进学生应用能力的发展。

（3）应用性强：初中数学定理和公式具有广泛的应用场景，教师需要将数学定理和公式与实际生活和其他学科紧密结合，引导学生在实际问题中灵活运用定理和公式，提高学生的数学素养和解决问题的能力。

（4）计算性强：虽然初中数学定理和公式较为抽象，但在应用过程中还需要涉及一些计算。教师需要重视计算细节和技巧，帮助学生掌握计算方法和技巧，同时培养学生的思维敏锐性和计算精度。

（5）系统性强：初中数学定理和公式是一套系统的知识体系，教师需要在教学中注重系统性，让学生理解各个定理和公式之间的联系和作用，帮助学生形成完整的数学知识结构。

二、初中数学定理（公式）课的设计原则

聚焦定理（公式）的内在意义在于数学定理（公式）不仅是数字和符号的组合，它们是具有丰富内在意义的数学概念。教师在设计教学时，应引导学生深入理解定理（公式）的内在含义，而不仅是记忆其形式和用法。注重学生的前知，了解和尊重学生的前知是教学设计的基础。教师需要明确学生已经掌握的知识，以及他们可能遇到的困难，从而制定适合学生的教学内容和方法。强调应用和实践是教学的重要环节，设计多种类型的问题和实践活动，帮助学生将定理（公式）应用于解决问题，是提高学生理解和记忆的有效方法。培养自主学习能力，鼓励学生独立思考和自主学习是关键。教师应该设计一些需要学生主动探索和思考的学习任务，引导学生自主学习和理解定理（公式）。

三、初中数学定理（公式）课教学存在的问题

在数学教学过程中，由于定理（公式）的抽象性，一些学生可能难以理解其含义和应用。定理（公式）的记忆对于一些学生来说可能较为困难，他们可能无法准确地记住定理（公式）的内容，一些学生在应用定理（公式）解决问题时可能会感到困难，不知道如何将定理（公式）应用到具体的问题中。那么，如何才能把握好定理和公式的学习呢？首先，我们需要激发学生对它们的兴趣。毕竟，兴趣是最好的老师。生动有趣的实例和引人入胜的探索过程，将使学习变得更加愉快。其次，我们需要学生理解定理和公式的内涵，而不仅是死记硬背。只有真正理解了它们的含义和应用方法，才能做到举一反

三、灵活运用。

四、初中数学定理（公式）课的教学策略

在教学过程中，我们也要关注学生的个体差异。每个学生都是独一无二的，因此我们需要提供个性化的教学策略和辅导，以满足不同学生的学习需求。同时，我们还要鼓励学生进行自主学习和合作探究。自主学习和合作探究不仅可以帮助学生更好地掌握知识，还可以提高他们的学习能力和合作能力。

用通俗易懂的语言解释定理（公式），帮助学生理解其含义和应用，通过具体的实例分析，让学生更好地理解定理（公式）的应用场景和具体应用方法。在教学过程中，创设情境，引入定理（公式），通过创设与定理（公式）相关的实际情境，引起学生的兴趣和好奇心，自然地引出定理（公式）的学习。逐步引导学生参与定理（公式）的推导过程，帮助他们理解定理（公式）的内在逻辑和意义。针对学生在学习中的不同需求和困难，设计不同难度和形式的练习题，包括基础练习、变式练习和综合练习等，帮助学生掌握定理（公式）的应用技巧。在课堂结束时，采用多元化的评价方式，包括学生的参与度、课堂表现、作业完成情况等，全面了解学生的学习情况和进步。

五、教学案例分析

掌握勾股定理的证明和应用方法，培养学生的逻辑思维能力和数学素养。教师可以先从实际问题出发，比如用勾股定理解决实际问题（测量不可直接测量的距离等），让学生感受到勾股定理的实用性，从而引发他们的学习兴趣。教师可以引导学生通过拼图活动，探索勾股定理的证明方法。在这个过程中，教师可以适时地给予学生一些提示和引导，帮助他们完成证明过程。首先引导学生回忆直角三角形的基本性质和三角形面积的计算方法，然后逐步推导勾股定理的证明过程，最后通过实例演示勾股定理的应用。

介绍勾股定理的背景和历史渊源，讲解勾股定理的证明方法和应用实例。教师可以设计不同难度和形式的练习题，如基础练习、变式练习和综合练习等。比如，教师可以让学生自己寻找生活中的实际问题，并利用勾股定理解决。这样不仅能帮助学生掌握勾股定理的应用技巧，还能提高他们的实践能力和解决问题的能力。

通过课堂提问、小组讨论、作业等方式，了解学生对勾股定理的理解和应用情况，及时调整教学策略。教师可以引导学生对所学内容进行总结和回顾。比如，教师可以让学生用自己的语言简述勾股定理的内容和证明方法，并强调勾股定理的应用范围和注意事项等。教师还可以设计一些需要学生课后自主探究的学习任务，如寻找与勾股定理相关的实际问题、探索勾股定理的其他证明方法等。这样不仅可以帮助学生在课后深入学习和思考，还能培养他们的自主学习能力和探索精神。

初中数学定理（公式）课的设计需要遵循聚焦内在意义、注重学生前知、强调应用和实践以及培养自主学习能力的原则。通过创设情境、探索发现、多种形式练习、归纳总结和布置作业等教学策略的实施，可以有效地提高学生的学习效果和理解能力。同时，教师也需要不断反思和改进自己的教学方法和策略，以适应不同学生的需求和学习环境的变化。

随着教育技术的不断发展和教育理念的不断更新，定理和公式的教学也将迎来新的发展趋势。未来的教学将更加注重学生的自主学习和研究，通过提供更多的学习资源和平台，鼓励学生进行探究和发现，培养他们的创新能力和终身学习的意识。同时，未来的教学也将更加注重实践和应用，通过提供更多的实例和实际问题，让学生将定理和公式应用到实际生活中，提高他们的应用能力和解决问题能力。此外，未来的教学还将更加注重学生的合作学习和交流，通过小组讨论、互动交流等方式，鼓励学生进行合作和分享，提高他们的合作能力和社交技巧。同时，教师也将面临更多的挑战和机遇，需要不断更新教学理念和方法，提高教学质量和效果。

第五节　复习课设计

伴随着国家初中教学改革的不断深入，在新课改的大环境下，初中数学的复习课程受到了越来越多初中教师的关注。合理地开展初中数学复习课程，既可以让学生更好地了解过去所学到的东西，又可以让他们更好地建立起一套科学的数学思路，从而提高他们的初中数学学习效率。尽管在过去的几年里，许多教师都尝试着把新课改的理念贯彻到实际的教学中，然而，因为初中数学复习课开展的时间还比较短，所以在实际的教学环节上还会有一些缺陷，从而对学生的复习效果和今后的初中数学教学产生了不利的影响。

一、初中数学复习课教学中存在的不足

根据对过去的教学分析，尽管我国的初中教学已经进行了多年的实践，然而，由于受到各种原因的制约，在具体的复习课程实施环节仍然会出现一些问题，根据对我国某地区的几所初中的调查，可以看出，这些问题主要集中在以下几个方面：

第一，原本的初中数学学习计划出现了一些问题。从过去的初中数学复习课堂来看，在实施初中数学复习课程的时候，存在着一个较为普遍的问题，那就是在近年来，由于新课标理念在实践中的运用越来越广泛，教师在课堂上所要教授的知识也越来越多，在这种情况下，留给初中数学教师可供分配的时间越来越少，从而制约了复习课程的进行，也为学生后续的初中数学知识的学习留下了潜在的隐患。

第二，初中教师和学生的交流还不够充分。由于受到传统的初中教学思想的影响，教师在班级中所处的地位是毋庸置疑的，因此，大多数的初中生都会对教师产生某种恐惧感，这种恐惧感的存在会极大地影响到学生的心态，使教师和学生的交流变得困难，从而造成初中生在数学理论的学习中产生一些问题，对初中教学改革在实际复习阶段的教学工作产生了不利的影响。

同时，在过去的初中数学复习课程实施中，大部分教师都会采用题海战术来引导学生进行复习，由于缺少了与他们之间的交流，导致了在后续的复习中缺少了针对性，过于忽略了学生的需要。这不但会降低他们的学习兴趣，还会极大地消耗他们的学习热情，从而在根本上阻碍了初中数学教学的发展。

第三，学生们没有意识到这门课的重要性。对一些初中生来说，尽管他们对学习的认识在不断提高，然而，由于受到传统的学习观念的影响，许多学生并没有意识到在初中的实际学习环节中复习过程的重要作用，因此，长期忽略这一复习过程的进行，会极大地制约着他们在教学中投入的注意力，给后续的学习成效埋下隐患。

二、初中数学复习课的课程设计

（一）初中数学复习课堂的课程设计

根据之前对初中数学复习课的研究，笔者觉得在具体的初中数学复习教学

环节中，一般可以将这一复习课程分为：基础类型的复习课程、专项类型的复习课程、综合类型的复习课程等。例如，基础类型的复习课程多是集中在学生的期中、期末等特殊时期，这一类型的课程多是以对数学基础知识的回顾为主。而专项类型的复习课程，则是侧重有目标的数学知识，通常是要求学生用一段时间来系统性地掌握全部的数学知识，为将来的考试打下良好的基础。所以，在实际的教学过程中，对于初中复习课程的不同选择，会在很大程度上影响教师的课程执行和学生的学习效果。所以，要想更好地实现初中数学复习课堂的教学目标，就应该根据不同的需求，选择不同的课堂教学方法，为未来的教学发展创造机会。

（二）初中数学复习课堂的设计原则

通过对以往初中数学复习课的现状分析，可以发现各种形式的复习课都有其自身的教学原则和目标。但是，无论采用何种方法，初中数学复习课的教学原则都应当表现为：首先，复习课要有针对性。在这一回顾课程的执行过程中，教师要与课堂的活动紧密地联系起来，有针对性地构建出初中数学复习课的内容，使学生在以往的数学学习中所碰到的问题得到最大限度的改进，以实现更好的教学；其次，复习课要有体制性。在进行复习课的时候，教师应该把重点放在对原来的知识点进行优化，让学生们能够更好地将原来课堂上分散的知识点进行有机结合，让他们的知识和学习体系变得更加完整，从而促进今后初中复习课程的实施；最后，复习课要有整体性。在现实的教学中，因为复习课程的重点大多集中在对学过的知识的融合上，因此，在进行初中数学复习课程的设计时，要保持整体性，尽可能地覆盖大多数学过的知识点，从而使学生能够进行全方位的数学练习，促进初中数学知识的学习，为今后初中数学的改革奠定坚实的基础。

三、初中数学复习课的授课策略

通过上述调查，笔者认为要想在初中数学复习教学中获得更好的效果，就是要在这一节课里，让学生们把之前所学的东西重新整合起来，做到"举一反三"，进而推动初中数学复习教学。基于这一点，并根据笔者以往初中数学复习课的教学经验，为了在未来的初中数学复习课中获得更好的课程教学效果，可以从以下几个方面入手，有针对性地加以改善。

（一）结合初中教学的目标，构建有针对性的初中数学复习课

从以往的初中数学复习课来看，目前，虽然越来越多的初中数学教师认识到了初中数学复习课在实际工作中的重要性，但是，还有很多教师受限于原来的初中教学理念，在实际工作中，他们都将教学的重心集中在为学生提供新的知识方面，对这方面的重视不够。

同时，在初中数学的课堂上，大多数的学生都要面临中考的考验，这种考验让许多教师觉得时间紧、任务重，忽略了对学生们数学思维和数学概念的培养，这就制约了新一轮的初中数学学习。因此，在实施初中数学复习课时，教师要取得更好的教学结果，就必须根据具体的课程教学目标，结合学生的学习状况，有针对性地构造出一个有意义的初中数学复习课，让他们能够更好地整合和深化过去的知识，并为他们建立起一个更系统的初中数学学习思路。在建立初中数学复习课的实践中，教师可以围绕以下三个方面为学生设计一个教学计划，从而使他们能够更好地进行初中数学复习。

首先，教师应该关注新课改，在现有的初中数学教学基础上，尽可能地与中考相配合，根据实际情况，制订出一套适合学生学习的教学方案，让他们能够更好地学习新知识；其次，在实施初中数学复习课的时候，因为复习课的内容比较多，所以教师要明确复习课的实施目的，尽量减少以前复习课出现的"炒冷饭"现象，有目的地进行，并在新课改的大环境下促进初中数学复习课的实施；最后，在设计初中数学复习课的时候，教师要确定教学的主题，减少教学内容的笼统性，让学生在以前的知识水平上有所扩展，这样才能为学生们以后掌握高中数学知识打下坚实的基础。

例如，在实施函数的初中数学复习课时，教师可以重点关注"一次函数""正比例函数"等以前教材中所学到的内容，让学生们在复习的时候能够将这些知识有机地结合起来，形成一条完整的初中数学学习思路，从而促进初中数学复习课的进行，为以后二次函数知识的学习打下坚实的基础。因此，在建立这样的知识基础上的初中数学复习课的时候，教师可以利用该课件来指导学生认识函数的图形和表达形式，并将数形结合的思想逐步融入函数的复习课之中。

（二）科学地设计复习问题，引导学生们积极地进行自我思考

根据以往的初中数学复习课，通常来说，数学教师都会先在授课前，从学生们日常习作中比较常见的数学知识入手，然后围绕这一知识进行课堂复习，这种方法能够更好地引导学生快速参与到复习的过程中，并引导他们掌握更多的有关知识，但是，这种方法对于教师的归纳能力就具有更高的要求，所以，怎样对复习问题的切入点进行科学的设计，并引导学生积极地对数学问题进行思考，就成了目前教学工作中的一个关键问题。通过对以往复习课教学的调研，笔者认为要实现这个目标，在具体的初中数学复习课执行过程中，需要结合学生原来的课堂学习情况，按层次设计相应的问题，培养其自主思维。

比如，在初中阶段三角形的学习过程中，教师可以依据以往的学习经验，给学生留一些问题，让他们围绕这些问题进行深刻的思考，以此来推动他们在初中阶段的学习，使他们在自我反省的过程中不断地提升学习能力。

（三）开展小组合作学习模式，完善学生们的数学知识系统

对初中数学复习课而言，该课程的目的在于帮助学生们在初中数学学习中查缺补漏，进而促进他们后续的数学学习。因此，笔者在多年的初中教育实践基础上，认为为了在特定的教学阶段实现预期的目标，教师可以通过对特定的学科进行分组协作，让学生们更加积极自主地参与特定的学科教学，在初中协作学习中培养他们的沟通和整合能力，增强他们对随后的初中数学学科的学习自信心。

例如，在"中心对称"这节课的教学中，教师可以指导学生们根据自己对这节课的理解，建立一张有自己特点的知识网，让学生们认识到自己在"中心对称"这堂课上的缺陷，从而达到"温故而知新"的目的，为以后的初中数学的进一步学习打下坚实的基础。并且，当学生发现自己在学习上的不足之处后，教师可以引导学生通过小组协作的形式，交流彼此在学习上的想法，使他们最大限度地发挥自己参加复习的积极性，逐步构建出一个数学知识的学习网络，从而深化初中数学复习课的研究。

（四）精筛针对性的例题，拓展学生们的思维解析能力

在初中数学复习课上，正确地选取复习实例能够使学生在复习时起到事半功倍的作用，所以，要在新课改背景下，进一步提升初中数学复习课的有效性，就需要在课堂上筛选出有针对性的实例，从而提升学生的数学思维和分析能力，并为其后续学习奠定良好的基础。比如，在进行初中数学复习课"锐角三角函数"的教学时，教师要结合特定的教学内容，通过举例的方式，构建出一个较为完备的数学知识体系，从而对本课程的学习产生积极的影响。

因此，在新课改实施的大环境下，初中阶段学生进行有效的复习是一个不可忽略的环节。如何借鉴以往的初中数学复习课的经验，构建更加完善、科学

的课程，充分发挥这一课堂在初中数学课程实施中的优越性，推动初中数学课程的发展，成为当前初中数学教师的一个重要课题。所以，本章根据当前初中数学复习课开展的实际情况，有针对性地提出了四个方面的策略，以期能够对将来的初中数学复习课在实际教学中的运用起到一定的作用，从而推动我国初中数学教学的改革与创新。

第四章　初中数学与数学文化、信息技术教与研的探索与实践

第一节　数学文化与初中数学教学融合

一、数学文化的内涵

"数学文化"究竟是怎样一个概念，至今尚无共识，原因之一在于它具有丰富的内涵，而另一个原因则在于人们对"数学"性质的认识至今仍未达成共识。为了搞清什么是数学，我们先来看几个经典的观点：

（1）中国古代认为数学是术，一种用来解决人们在日常生活中所遇到的各种问题的计算方法。

（2）古希腊的柏拉图将数学视为思想，即数学是一种独立于人、物的客观存在。

（3）恩格斯对数学的界定是：研究真实世界中各种形态与数量之间的联系。

（4）罗素把数学看作一种"逻辑"，希尔伯特把它看成一种"形式体系"，布劳威尔把它看作一种独立地形成自己的逻辑学、形式公理派和直观派三个不同的理论体系。

（5）弗赖登塔尔把数学的概念、结构和思想看作对物质世界、社会世界和思想世界中的特殊东西的一种反应和对它们进行整理的一种手段。

（6）齐民友曾经用"竹子哲学"来形容数学的发展，他认为，数学就是从现实生活中诞生的，就像是一根又一根的竹子，每一根都是独立的，直到某一天，才会有新的竹子冒出来，形成新的学科。当它们变得年迈时，它们就会开花，结出果实，这些果实就会回到地球上，孕育出一门崭新的数学学科。

（7）根据美国数学家斯蒂恩的说法，数学就像是一片"热带雨林"，被外界的各种因素所孕育，并在此过程中，向我们提供了大量的、崭新的、充满了

智能的动物和植物。

可见，对数学本质的总结具有鲜明的时代性。除非站在数学发展的角度上，我们可以从新的角度来认识它，不然的话，就无法真正地解决这个数学哲学所要解决的主要问题。

章建跃、张翼在总结历代知名数学家关于数学的基本观点的基础上，也提出了"要用历史的观点去看待数学""数学的基本特性的理解随着数学的发展而发展"的观点，他们还指出，人们对数学的基本性质的认识，大多是从数学的起源、存在形式、抽象层次等方面来展开的，并且他们更多是从数学的研究结果来认识数学的基本性质。显然，结果（只是一个理论的推理体系）不能反映出全部的数学，另一个非常重要的要素是其学习的过程，而且从整体上看，是一个动态的过程，是一个"思维的尝试"，是一个对数学真相的抽象的总结，其逻辑推理体系是这个过程的一种必然性结果，从而充分展示了数学对象丰富、生动、多变的一面。

笔者认为以上关于数学实质的论述，可以归纳成两类：一是从静止的视角，说明了数学所要学习的对象；二是从动态的视角，利用比喻的形式，说明了数学在持续地创新和发展。对数学性质的差异性理解的发展历程体现在：数学观由静态的、片面的机械反映论转向动态的、辩证的模式论。数学是一门普遍适用的学科，它并不局限于象牙塔中的严格的系统；数学是一门和计算机技术及其他科学紧密联系在一起的学科，并不是纯粹的抽象的理论。因此，数学可以利用模型的构造来与真实的世界保持紧密的关系，但是它也可以借用抽象的方式，并且注重对思维形式的讨论。虽然，在数学中，现代技术已经被融入其中，并且变成了它的实质内容，但是，抽象的数学思维依然是一种具有创造力的活动。它也是一门独特的语言，它所产生的思想，不但直接决定着人们对于这个世界的认知，而且也直接关系着人们的理智意识的发展。

可见，人们对数学的认识角度越来越多，既注重数学自身的构造性，又注重其对文化与社会的作用，最后，概括性地提出了"数学是一种文化"的观点。

在1981年，美国数学家怀尔德从数学人类学的观点出发，列出了影响数学发展的11个动力，并总结出23条因素对数学发展的作用，并在此基础上，提出了"数学是一个文化系统"的观点。这种思想被视为最早的数学哲学思想。比什泼（Bishop A J）在研究数学与文化之间的关系时提出：环境、社会等因素促进了数学观念的生成、发展，而数学又反映了一种文化的价值取向（实际上，是一种文化的结果），也就是说，数学是一种文化。

自从确立了"数学文化"这一概念，"数学文化"便逐渐成为学术界讨论的热点。在确定数学文化含义时，主要是基于文化的定义，由于文化含义的范围和侧重点不同，这就造成了数学文化的含义范围和侧重点也不同，将两者结合起来，对其含义的研究结果如下：

（一）国外研究

在国外，数学文化通常被翻译为 Mathematical Culture 和 Mathematics Culture。前者是一种偏向式结构，其研究的中心是"文化"，而后者则是一种并置式结构，其研究重点是"文化"和"数学"。美国数学家怀尔德提出，数学家所具有的文化具有共同的数学特性，也就是说，在这种文化中，也存在着一种具有数学特性的文化，而在此基础上，他又提出了一种新的文化特性。与此类似，德国数学家克莱因也曾提出："数学文化应当由两个层面构成：一是数学文化是人类文化的一个子系统，它与其他文化和整个文明的联系；二是数学自身的产生和发展，以及它的结构。"但是，比什泼却认为，"数学的知识系统一般都是独一无二的，不会改变的，而构成这种知识系统的数学思维模式和思维结构，在不同的文化中也是不一样的，数学文化的重点是对这种具有不同特征的思维模式和认知模式的学习，而不是对知识系统的学习"。很明显，在他看来，数学是一种文化现象，或者说是一种从文化角度来看的数学，它强调的是在数学知识的背后隐藏着的观念性的元素。

（二）国内研究

在对数学文化内涵的论述上，国内学者的论述有不同的侧重点，大致可分为两种类型：一种类型的特征是突出了数学与文化之间的联系，另一种类型的特征是以文化的广狭观为基础，强调了数学文化的系统性。

1. 数学与文化的关系

这一理论的研究者认为，数学是一种文化，或者说，它是一种人的文明，比如在郑毓信的《数学文化学》中，他认为，在三个层次上，数学是一种文明，一是从建立的数学对象的形式上，讨论了它的文明性质；二是对"数学社区"对社会发展产生的文化冲击进行了重点论述；三是在此基础上，从更高层次（数学史、现代社会发展对数学史的影响）探索数学史发展的动因和规律，把数学史看作人类文明的一个开放的子系统。

张维忠以文化的内涵为基础，从数学对象的人为性、数学活动的整体性、数学发展的历史三个方面进行了分析，提出数学是一种文化体系。数学共同体与数学传统，是数学文化整体与历史的集中表现。

2. 基于文化的广狭观的角度

在"广义"的基础上，人们对数学文化的系统性进行了研究，其中就包括了对数学文化的动力学和系统性特征的研究，黄秦安指出："数学文化可以被描述成一个以数学科学体系为中心，由数学的思想、精神、知识、方法、技术、理论等所辐射出来的有关的文化，是一个有着很强的精神和物质作用的动力系统。"它的基础是：数学（每一个体系）及与之相联系的各类人文事物（每一种形态、每一种人文社会科学以及更广泛的社会生活）。它的功能表现为：在促进文明发展的过程中，数学本身也从与之有关的学科中得到营养和发展。在良好的社会环境下，这两种行为形态相互影响，产生了良好的互动关系。数学文化所牵涉的基本要素有：数学、哲学、艺术、历史（不仅是数学史）、教育、思维科学、社会学、文化学、物理学、生物学等。数学既是物质文化的基础，又是精神文化的珍贵资产；有着重从系统的结构层次性角度进行分析的，比如"数学文化是由知识性元素（数学知识）和观念性元素（数学理念系统）构成的"。这些都是由数学思考所产生的结果。在建立数学文化的过程中，数学家进行了自我的创造与转化。在长时间的数学工作过程中，会产生一种带有明显特点的公共的生活方式（这种生活方式受到数学理念元素的约束），并且会产生一个比较固定的文化团体，即"数学共同体（数学文化的主体）"；也有着重从文化系统的静态组成和动态作用角度进行分析的，比如"数学文化是人们在数学活动中所积累的精神创造的静态成果和动态过程"。静态成果包括：数学概念、知识、思想、方法等本身的存在形式中的真善美的客观要素；这个动态过程包含着更深层次的思维创作要素，如信仰品质、价值判断、美学追求、思维过程等。而在这些现象中，静态成果与动态过程就是由这些要素相互影响而形成的。

以"文化狭义观"为基础的讨论，大多侧重数学的思想、方法、观点、精神以及它们的形成与发展，而忽视了它们对人与社会的作用。比如"数学文化，指的是以数学家为主导的数学社群所特有的行为、观念、态度和精神等，也就是说，它指的是数学社群所特有的生活（或行为）方式，或是特殊的数学传统"；"数学的文化是由数学的起源、发展、完善和应用的各个环节所反映出来的，它对人类的发展有着巨大的影响。它不仅包含了人的观念、思想和思维方式的一种潜在的影响，还包含了人的思维的锻炼功能和发展人的创造力思维的功能，还包含了人在认知和发展数学的过程中所表现出的探索和进取精神，以及所能够实现的崇高的状态"。张奠宙先生将数学文化定义为"在一定的社会历史中，由一个数学群体或一个人，在进行数学活动时，所表现出来的民族特征、传统习惯、规则惯例以及思维方式等的总和"，它以一种符号化、逻辑化、形式化的数学系统作为一个载体，作为一种隐蔽的方式而被隐藏着。王宪昌从数学文化研究的内容角度出发，对数学文化的含义进行了定义，他认为："数学文化的研究是对数学家群体及整个民族在数学方面的行为、观念、精神等诸方面的文化传统方面的研究，研究的核心或重点是对文化传统及价值观念的分析。从某种意义上来说，数学文化就是用一种文化解析的方式，来解读一种'数学化'的过程。"

本章认为：①从"文化"的视角来看，数学是一个复杂的、开放的、动态发展的体系；从静止的构成角度来看，数学文化可以分为两个层面：一是数学的知识性层面（数学本身及与其有关的知识），二是数学的观念性层面（在数学知识形成过程中的观点、信念、态度和方法）。从动态的数学发展的视角来观察，其知识性层面就是其观念性层面的载体，两者互相补充，互相影响，尤其是，其观念性层面是一种比起其成果更有价值的东西，并没有被孤立，反而与不同的文化体系有着密切的关系。②在数学文化系统中，最核心的因素是数学的传统（观念因素），即在数学家的带领下，数学界所发展出来的特有的行为模式、观念、态度与精神，其内容包括：对数学的认知；规范性因素（如何使人走进数学的世界）；启示因素（如何使人受到数学的启示与影响，如数学精神）。

（三）　数学文化的外延

数学文化是一个复杂的、开放的、动态的系统，其内涵十分丰富，而且互相交错，互相包含。在此基础上，"数学文化"这一学科形式的概念被提出，其内涵应当包含如下内容：

1. 数学历史

数学历史主要表现为：数学在生活中的应用；数学知识和原理，以及数学和其他学科的应用；它具有形式美、数量美、概念美、公式美、定理美、问题美、规律美、哲学美的特征；数学中神秘的矛盾，有趣的算术游戏。在这些方面，我们可以从以下几个方面来探讨：一是关于数学的寓言，二是关于数学的思考方式，三是关于数学的学习态度，四是关于数学的人格素质，五是关于数学的人文精神；从数学的历史、现状和将来，数学的哲学依据，数学的若干危机，数学发展的社会环境，数学和民族的文化传统等方面进行论述。

2. 数学的应用

数学是一种工具，它的知识、方法、技术、理论等被用来解决日常生活、艺术、哲学、教育、思维科学、社会学、文化学、物理学、生物学等方面的问题。就其运用方式而言，又可划分为两种：一是利用数学知识，二是构建模型。模型的构造是以抽象的方法为基础的，它注重对思维形式的讨论。因此，它所产生的思维方式，不但对人们对物质世界的认知方式起到决定性的作用，还会对人们理性精神的发展产生重大的影响。

3. 数学的思想方法

张奠宙曾经说过，用一种数学成果来解决问题，被称为"方法"，而用这种成果来衡量其本身的价值与意义，被称为"思维"。因此，人们常把"数学思维"与"数学方法"合称为"数学思维方式"。曹才翰将其数学思维方式划分为："解题术"，将其与特定问题相关联；"解题通法"，指的是一种通用的求解问题的解法；数学观念，也就是关于数学的概念、命题、法则、原则和数学方法的基本知识；"数学观"，也就是"以人为本"地对事物进行认知的哲理性思考，它是一种极具价值的思维方式。

4. 数学精神

数学精神主要体现为一种理性精神，是指人类在凭借自己的思维能力，对感性物质进行一系列的抽象和概括、分析和综合，以形成概念、判断或推理的认识过程中所反映出的，注重理性认识活动，以寻找事物本质、规律及内部联系的精神。日本数学家、教育家米山国藏先生在他的研究中提出了"应用灵魂"，扩展与推广应用精神；具有大胆的创新与探索精神；"物质性思想"。我们可以看到，数学精神是一种具有代表性的，具有求实、客观、理性、怀疑、批判、创新和无限追求与探索等特征的科学精神，在数学学习和研究中，它主要表现为求真意识、审美意识、抽象意识、反思意识等几种形式。

5. 数学美

数学的美不同于自然美、艺术美，它是一种非常直接、非常具体的美，数学的美是一种抽象的、严谨的、含蓄的理性美，数学的美在数学的语言、体系、结构、模式、思维、方法、理论、创新等各个领域都有普遍的表现，数学的美主要表现为简洁性、和谐性和奇异性。其中，简洁性可以分为符号美、抽象美、统一美，和谐性可以分为对称美、统一美、协调美，奇异性可以分为有限美、神秘美、常数美。此外，数学的美感源于人的抽象思维，即数学美使人愉快的是以抽象思维为中心的数学思维，即人运用数学概念、法则、公式、符号等工具进行的思考，其中所体现的简洁、和谐、奇异等，使人的抽象逻辑得到满足，并使人快乐。

6. 数学语言

数学是一门研究量的科学，使得数学语言成为一种"表达数量关系、空间形式的性质和相互关系的符号系统"，使得数学语言成为一种由数学符号、数学术语和经过改造的自然语言组成的科学语言。由于数学研究的量的特征包括层次性、抽象性、确定性、可算性、关联性、结构性和可符号化等，因此，数学语言也具有上述特征。

（四）数学文化的教育价值及其地位

在讨论数学文化的价值时，一般都是从认识和发展数学文化的角度出发，认为它的价值体现在对数学本身的认识与发展，以及对其他科学的发展、对人的思想观念形成的作用。例如，傅赢芳和张维忠从开放性、多元性和动态性的角度来分析数学的文化价值，他们把数学的文化价值分为：数学自身的价值、科学的价值、社会的价值和精神的价值，这四种价值在三个方面都有体现：第一是数学知识和理论的运用；第二是运用数学的方法和技巧；第三是运用数学的思维和精神。这四种价值构成了一个整体的数学文化价值体系。

对于数学文化教育价值的研究，大多是以数学文化价值为基础，指出将数学文化融入数学教学中，可以将数学教育的科学目的和人文目的有机地融合在一起。例如，有人从对学生的影响的角度考虑，认为对数学文化进行教育，可以拓宽学生自我超越的精神空间，促进学生整体认知结构的形成和发展，培养和提高学生的数学科学文化素养。再例如，从对整个数学教育体系的影响来看，数学文化理念能够帮助教师和学生树立一个适当且有更广泛视野的数学观、科学观和世界观；正确的数学观有助于教师正确地把握"数学史"的发展方向；通过引入"数学文化"的理念，加深学生对"数学教学"的认识。另外，从数学文化的精神价值来看，其教育意义在于有利于培养创新精神，有利于发展理性思维，有利于渲染数学精神，有利于培养科学的审美观。也有学者从中西文化差异的角度，对我国学生的学习问题展开了分析，比如"特定文化代表着特定群体的思维与行为方式、态度和价值观"。在我们的教学过程中，一些反映在数学文化中的观念和意识若与我们实际的观念和意识存在差异，就可能发生"冲突"。对学生而言，这种"冲突"是无形的，最终会体现在其身上，从而使其对数学知识认识不足，造成其学习上的阻碍，因此，要想避免或缓解这种存在的"冲突"，就需要展现其"源文化"，从而提高其"源文化"的认识度。

王宪昌从民族精神的思想出发，对数学的教育价值进行了分析，他说："中国数学教育的核心不是教学方法，也不是教学内容的改变，而是教学理念的改变，以及从数学的视角来看，数学教育将肩负着培养人的理智意识的责任，这就是将确定性、逻辑性、构造性和无穷无尽的探索能力，融入中国数学教育中去。"

关于数学文化在教育学中的地位，黄秦安认为，把数学文化中的思想精髓转变成个体的精神品质，就是对学生的数学素质的培育，所以，"应当逐步建立起以数学文化教育为主导的数学素质"。黄友初还就这一问题发表了自己的观点，指出在初中数学教学中，"以人为本"的思想是十分重要的。张乃达亦认为："以提高人的整体素养，特别是以提高民族整体素养为最终目的的数学教育，最终应该建立在数学文化之上。"但是，也有人认为，数学文化的本质是观念性的要素，所以，把数学文化教育定义为："数学教育对人们的思维方式、价值观、人生观等产生的作用。"综上，认为数学教育的本质就是数学文化教育的说法，似乎有点极端。数学文化作为一种复杂的、动态的系统，要使数学文化中的观念性因素得到最大限度的体现，首先需要一个作为其承载物的知识性因素，但同时也要看到，观念性因素对于新的数学知识的产生与发展有着不可忽视的影响，所以，仅仅从某个方面来理解数学文化，难免会"顾此失彼"。数学素养教育的本质，就是数学文化的培养，既注重数学知识的产生与发展，又注重数学思想、观念与精神对人的个性的影响。

对数学文化与数学教学关系的看法，学者们一般都用"渗透""融合""融入"来描述。例如，苟长义、顾沛等人在大学中对数学教育进行了"融入"，他们主张："融入"不能只是一个装饰，必须有一个完整的过程；"融入"并非依附，它是一种有机体；"融入"并非无孔不入，而是适度；所谓的"融入"，并不指那些冗长的话语，它指的是一个点睛之笔。并将其归结为：融合、内在、渗透、一体、自然、适当、实质。另外，宋胜吉、杨阳、张国定、张红卫等人也对如何将数学文化与课堂教育融合进行了相应的探讨。

根据以上的概况，笔者觉得数学文化应当与数学教育相融合，数学文化的教学不应当仅仅是数学课堂教学中的一个小插曲，而应当成为数学课堂教学的一种常态。

二、数学文化与初中数学课堂教学融合的理论依据

（一）与现代教育教学理论的统一性

1. 数学文化融入初中数学课堂教学的可行性

认知主义心理学着重强调心理结构或心理组织在认知过程中的影响，其主要的观点包括：①把叙述性知识归结为一个相互关联的命题体系，而程序性知识正是通过这些体系的相互关系而得到意义的。②在学习过程中，通过对概念的理解，使其与学习者所建立的概念相关联，并对其进行简化和组织，使其成为长期记忆，并将其视为知识的接收者和处理者，并突出主动学习的重要性。③从认知表征的角度来说明人类如何利用已有的认知信息，将认知表征语中的"图示"和"脚本"定义为"一连串的、用于定义一个概念的知识项"，或者"对这些知识项进行有序的表述"。综上所述，认知主义心理学认为，知识、知识的理解（学习）与思维的过程取决于知识与学习者的主观能动性。

基于认知主义的教育理论，注重教学中的认知策略与信息之间的内在关系，认为在学校的课程和教师的授课中，应当引导学生找到和归纳这些重要的关联。所以，随着知识广度和深度的提高，学生更容易发现知识与知识间的相关性。数学文化是以数学科学体系为核心，以数学的思想、精神、知识、方法、技术、理论等所辐射的相关的文化领域为其有机成分的一个具有很强的精神和物质功能的动力系统。这一点不仅体现在与数学相关的任何一个科学领域，而且在人文社会科学领域也是如此。从这几个角度可以综合地反映出数学知识之间的关系，既能为教师提供教学材料，又能为教师提供更多的细节。此外，数学家们作为数学创造主体，对数学知识进行发现、发展和应用，并形成数学思维方法和概念的过程，无疑为学生们提供了数学学习的认知策略和元认知材料，所以，有必要将数学文化引入数学课堂中。

另外，按照现代认知心理学的观点，兴趣、性格、动机、情感、意志等基本心理要素之间的相互作用，构成了个体学习的心理环境和认识动机，这些基本心理要素既是对人的心理指向有直接影响的外在原因，又是对人的心理指向有直接影响的内在原因。利用不同学科中的不同文化要素，可以为学生提供丰富的信息，对学生的学习产生直接的影响，这对于学生的学习兴趣、动机、质量等非智力要素，还有学生的感觉、注意、想象等智力要素的形成与发展都有积极的影响，从而可以促进学生整体的认识架构的构建与发展。

2. 数学文化融入数学课堂教学的必然性

（1）现代数学教育心理学理论的观点。

英国数学家戴维·托尔指出，根据个体在成长中对数学概念的不同认知，可以将数学划分为三个世界：①来自人的感觉（特别是感觉运动行为和视觉意识），并通过反思，产生更精细的含义，这是典型的柏拉图式的欧几里得几何框架。②用一种象征意义的方式来概括整个世界，例如算术、代数学、微积分等，即一种表现形式（如：$4+3$ 是一种加法）或一种观念（如：$3+4$ 是一种加的观念）。③通过对"形式"的定义和确认，以及基于"概念模型"的反思，形成了"形式"的学说。他提出，儿童通过感知、行动和反思，将产生一个对象的具体化世界，对于作用于对象的行动和作用在行动的反思，将以一种符号的方式表现出来，使儿童能够将其视为一个概念，将其视为一个过程，由此产生一个以行动为基础的符号过程概念化世界，而对于其在具体化世界和过程概念化世界的反思，将其与各种模式联系起来，最终产生一个公理和证明的形式化世界。但是，他认为，在他的思想中，数学教育的过程仅仅包括两个方面：一个是"具体性"，另一个是"过程性"。

这个学说强调的是对学习者的感知、行为和反思，所以，教师要想成功地提升学生的数学认识，就要为他们提供充足的相关材料，让他们在充分的感知与行动中、在反思中，对数学的概念有一个基本的认识，进而体会到数学的产生、发展规律，体会到数学的思想方法、数学的价值与数学的美感，而数学的文化无疑是这一切的源泉。

（2）现代数学教学理论的观点。

荷兰数学教育家弗赖登塔尔指出，数学是一种系统化的常识，通过对常识进行提炼和反思，不断地系统化（横向的和纵向的）。据此，我们建议，数学学习的唯一途径就是进行"再创造"，在这个过程中，一定要包含直接的创作，即主体的创作，也就是从学生的角度去理解，从而使他们所得到的知识和技能，比起被动接受，更易保留下来。教师们要做的，就是指导和协助他们，将他们的知识"数学化"，而不是把他们所学的东西当成一种已有的东西，硬塞到他们手里。数学教学应该按照数学的总体结构来进行（此处的总体结构并不是一个预先准备好的推断系统，它是伴随着数学在学习过程中的发展而发展的），这个结构是现实中的一部分，只有与现实生活密切相关的数学，才会充满了各种关系，学生们也就可以把自己所学到的内容和现实生活有机地结合起来，从而更好地应用它们。所以，要想把数学教学中有关联的东西结合起来，无论是数学、物理，还是日常的事物，都要一次次地从这个方面入手。可见，弗赖登塔尔提出的"以人为本"的数学教育理念，是将"以人的思维方式"引入"以人为主"的教育理念中的必然要求。

（二）数学文化融入初中数学课堂教学的必须性

在初中阶段，学生的思想特点是抽象逻辑的迅速发展，在思想品质方面，他们的创造性和批判精神日益突出，但是，他们思想的片面性和表象性依然非常明显。在创新上，表现为：具有强烈的好奇心和探索的精神；兴趣很广，思维活跃，敏感，不太保守；想象力很丰富，也很爱标新立异，创意很多，创造力也很强。不足是：不肯轻易地接纳别人的意见，对别人的想法、态度和意见采取怀疑和批判的态度。"片面性"，正是因为这样的认识太多，所以不能全面地进行分析，不能全面地解决问题。所谓"表象性"，就是初中生对某些特定的、客观的、模糊的认识，难以掌握其本质。此外，由于初中生的生活经验和数学学习经验相对不足，因此，在数学的学习中，初中生的形象思维还是占有很大的比重，必须经过大量直观生动的实际材料的归纳和分析，才能达到一个抽象的水平。尤其是初中一年级的学生，在解决问题的过程中，往往是采取了小学生的思路，会套用公式，不善于分析、转化和进行更深层次的思考，思维比较狭窄、呆滞。所以，在学习数学时，学生的主要方式就是通过模仿课本上的实例来进行问题的求解。在初期的研究中，这样的方式很重要。但是，课程的增加使得学生很难将所学的数学知识在他们的头脑中构建成一个完整的、有条理的知识体系，以致在他们的头脑中形成了一盘散沙的局面，所以，他们只能依靠大量的重复练习来巩固自己的记忆。就初中生的个性特征而言，其表现为：一是自我认识的迅速发展；二是主体意愿与客观事实的矛盾；三是这个世界的错综复杂，超越了他们以往的人生阅历和认识，让他们觉得无所适从。

从文化交流的角度来看，美国人类学家玛格丽特·米德将人类文化变迁分为三大类：后喻文化，同喻文化，前喻文化。

在心理上，初中生已开始更多地站在个体的存在与发展的角度来考虑社会与人生。同时，伴随着现代社会的信息化，人们所拥有的信息越来越丰富，思维也越来越成熟。另外，在初中阶段，数学知识的抽象化和形式化程度也得到了提高，与现实生活的联系越来越不紧密，这使得后喻文化中的说教、灌输教学等教学方式不再为学生所接受。所以，在教学的组织形式上，必须转变以教师讲授为主、向学生灌输知识的传统教学方法，将数学文化融入数学课堂中，建立学生的数学学习共同体。使学生可以在一种平等互助的氛围中，交流数学活动经验，掌握数学知识（数学文化的知识性要素），经历数学知识是如何被发现、被应用、被承认以及如何建立其科学的法则与原理（数学文化的概念性要素）的过程。

（三）脑科学理论为数学文化教育提供了生理上的依据

美国的神经生理学家斯佩里、波根、葛萨纳嘉等人所做的"裂脑实验"，显示出人类的"优势半球"特征，也就是两个不同的脑区，具有各自不同的意识思考顺序。左脑主要用来思考思维性或是理性的东西，而右脑主要用来思考一些很难用言语表达出来的事物，比如空间认知、形象、情绪等。除了在功能上的不同之外，在处理信息的容量和速度方面，也存在着不同。"左脑对输入的信息是有意识地进行记忆的，而且容量是有限制的，而右脑则是将输入的信息以图像的形式呈现出来，然后在无意识的情况下进行记忆，其容量是没有限制的"，"在用左脑的语言处理信息的时候，会花费一定的时间，而在用右脑的想象进行处理的时候，则不会花费太多的时间"。

以上的大脑特点表明，数学教学不应只是一种简单的逻辑推理、符号教学和图像的认知，而应是一种复合协作教学，即与这些知识的来源有关的相应知识背景的教学，此处的知识背景其实就是学习者所处的文化环境。

此外，从神经细胞连接的视角来分析脑的认知过程，我们还发现，在经历的过程中，同区之间的神经连接数量会增多，并且导致神经细胞连接中的化学物质 ACh（乙酰胆碱）的活动也会随之增多，而 AChE 就像是激活神经细胞连接的关键分子，越是激动，神经细胞的信息传输与整合效率就会提高，反应就会更加灵敏。

因此，在数学的学习中，也应当是一个比较复杂的情境，而在传统意义上，只有一套简单的知识点以及解决问题的方法，明显地违背了这个观念，同时，数学文化的复杂性也为这种情况的出现创造了条件。

"人脑的学习过程是由多个器官共同完成的，视觉、听觉、嗅觉、温度、味觉等，这些感官都可以传递到人脑中。而以视觉为主的学习者则是以看图像思考为主的学习者，以动觉为主的学习者则以动手为主。因此，多渠道的学习也是一种很好的方式。"

在课堂授课的情况下，通过多渠道的教学设计和多种形式的展示，使学习者的学习需求得到充分的满足。在这种情况下，数学不仅是一系列符号或图形等静态知识，更应该是一个动态的系统，其中包括了数学知识、数学过程、数学方法、数学思想、数学意识、数学精神。另外，在数学教学中，在向学生提供数学知识时，要把它看成一种意义上的"信息包"，它包括可视的图像、图形、图式等，也包括语音的文本、可视的运动等。这样，既能够呈现出符合不同学生学习偏好的数学信息，又能够与长时记忆中的初始经验形成一种内在联系，增强了学生的正向迁移能力。

三、数学文化与初中数学课堂教学融合的建议

课程标准的要求和教材的具体安排为数学文化进入初中数学课堂教学，并进一步成为数学课堂教学的常态指出了方向，为数学文化提供了载体和空间。如何在当前的条件（教师、环境等）下，把数学文化与初中数学课堂教学融合起来，通过对数学文化在初中数学课堂教学中的情况进行调研，分析了数学文化在初中数学课堂教学中的难度，以上述的教学案例为参考，给教师们提供了几条把数学文化融入初中数学课堂教学并使之成为一种常态的意见，供教师们参考。

（一）教学内容的选择建议

1. 趣味性和效果的务实性

学习兴趣在人们的学习行为中起到了激活、引导和强化的作用，因此，提高学习内容的趣味性是一种有效地激发内在动力的方法。《全日制义务教育数学课程标准（实验稿）》中说："老师要根据学生的生活经历，设计一些生动、有趣的数学教学活动，比如讲故事、玩游戏、直观演示、模拟表演等方式，来激发学生对数学的兴趣，让他们在一个生动的环境中去领悟并感受到数学的意义"，"在合适的位置，引入一些关于数学家的故事，数学的趣闻，数学的历史资料，让他们认识到数学的起源和发展是从人们的生活需求开始的，感受到数学对人类历史的影响，从而激发他们对数学的兴趣"。

由于学生的认知能力在学习中具有一定的局限性，因此，教师在选择材料时，不仅要考虑材料的趣味性，更要考虑材料的教学效果，选择材料时要尽量与教材内容、学生已有的知识经验、认知能力现状、年龄特点以及生活情境密切相关，从而促进学生的数学学习和思考。

例如，在选择数学史时，由于数学的发展历程往往与学生的学习过程十分相似，因此，当学生的认知有问题时，可以引进与之有关的数学史材料。在初中数学教学中，学生在认识上遇到了一些问题，教师可以引导学生运用推理证明法，培养他们的逻辑思维能力和问题解决能力。如用负数、数与代数、因式

分解、函数等推理和证明。

数学是人类文化的一个子系统，它的发展和特征跟人类社会的文明有着密不可分的关系。因此，在教学的过程中，我们也可以将在多种文化背景下，数学发展的差异特征进行对比，从而深化学生对数学的理解和认识。例如，在"推论与证明"的教学中，我们可以将勾股定理的证明与勾股论进行比较，将古代希腊雅典民主的"蓝海文明"与"大河文明"的"君主制度"进行比较，并将欧几里得《几何原本》和刘徽《九章算术注》中的"证法"进行类比，通过对中西方证法的差异进行比较，再将无理数的出现和推导与证明的关系进行比较，使学生进一步了解中外算法的差异，并在此基础上，进一步了解中西方在推论和证明方面的差异。通过这一教学，能够对我国古代光辉的数学成就和杰出的算法思想进行较为客观的评价，并了解为何在我国古代，数学仅仅是一种实际的方法和技术，并未成为哲学和学术的主流。所以，即使在今天的数学教学中，这个传统的思想往往也会造成学生对于数学的看法只停留在知识、技能和思维方面，缺乏开阔的眼界，忽视了创造力的培养。将这种方式与历史学科的内容进行融合，也能使学生们体会到数学与人类文明的关系，体会到文化的多样性，拓宽学生们的眼界，拓宽学生们对数学的认识，从而提高学生们对数学的兴趣。

2. 开放性原则

初中生具有很强的求知欲和探索性，对新事物的兴趣很大，思维活跃敏感，有很强的好奇心，有很强的认知世界的心理趋向。但是，在初中学习的主要是基础数学，尤其是几何学，难以体现真实的社会现象。所以，在教学过程中，应该与课本内容紧密地结合起来，适时地向学生们引入与当代数学有关的知识，以提高他们对数学的兴趣，开阔他们的眼界，并培养他们的创造力，进而加深对数学与现实世界的关系的理解。斯托利亚尔认为，"数学科学、科技、教育技术的飞速发展，数学教育的现代化，从数学的观念向近代数学靠拢开始，也就是初中数学要以近代数学的观念为基础，并运用近代数学的观念和方法"。

（二）教学组织过程中的建议

1. 教学过程中注重凸显数学的本质性

在课本中，针对部分内容，编辑们准备了大量的背景资料，让教师们在情境中，通过探索、合作交流等形式，感受到数学知识的生成。然而，笔者在对高年级师生的访谈及教学实践中，却发现有些教师把"让学生体验一次数学知识的生成"看成一种"呈现资料—归纳体验—归纳结果"的死板方式。他们认为，如果让学生"慢慢"去探索，去体验，对他们的学习和应用没有任何帮助，只会浪费他们的时间，所以，他们更倾向于"走过场"。

数学知识的产生，并不是将活动经验抽象为数学概念、规律、定理，由感性到理性，而是从感性到"共性"的升华，这种共性的实质就是所产生的新知识的实质。因此，教师要指导学生进行哪些情感体验的普遍性思考，就一定要将其转化为理性体验。

这个过程不仅是一种经验的积累，同时也是一种思维方式，学生可以在这个思维方式中，对自己所获得的经验进行反思，从而把自己所获得的经验转化为新的数学理论知识，而不是把自己的感情体验"形式化"成数学理论知识。随着年级的增长，数学知识的难度和抽象性也随之增加，课本上的素材也随之增加，教师们要充分利用课本上的素材，在帮助学生获得经验的同时，还要指导和组织他们进行思考，去探究和发现他们所获得的经验中的普遍性，去领悟他们所掌握的数学知识的精髓，从而让他们的知识和思维都有一个质的飞跃，达到"数学化"的目的。

2. 数学文化的知识性目标与观念性目标整体实现

张乃达指出，学生的思想方法、思想水平等都会对其学习造成一定的影响，而这种影响最终会以具体的知识与技能的生成来体现，从而说明了数学教学中的知识性体系与观念性体系之间的辩证关系，使其教学过程成为一个互相联系、不断发展的系统。所以，在教师的教学中，不能割裂数学文化的两个层面，在注重学习知识、学习技能和学习方法的同时，也要重视观念、思想、情感和态度。这就是说，对数学美、数学精神、数学思想方法等概念的教学，应当与数学知识和技巧的教学有机地融合在一起，不应当作为一个独立的板块，也不应当仅仅作为一个专题来教授。所以，把数学文化引入课堂中，就是教师把数学文化中的某一方面的素材作为一个载体，不仅给了学生一个思考的目标，让他们能够更好地理解，还把这个载体中所蕴含的以及在思考中所表现出来的观念性体系，转化为学习者的人格。例如一元二次方程的解法，其知识内容包括：直接开方法、配方法、公式法、因式分解法。在它的观念性知识中，具体有以下内容：转化的思想，比如直接开方法用来解形式为 $x^2 = p$ 或 $(x + n)^2 = p$ 的方程，通过开方转化为一元一次方程来解；配方法实质上是将一般形式的一元二次方程转化为 $(x + n)^2 = p$ 的形式；一般化的思想，把"方程式"方法的运算过程抽象为"公式—方程式"方法，其数学美体现为"抽象之美"与"统一性之美"；"数学精神"指的是一种有条理、有系统、有追求、有探索的精神。在数学教学中，如果仅仅重视"第一"，而忽略了"第二"，则会使学生得到的东西显得零散、机械。要提高学生的语言能力，就必须多做实践活动，这种情况在课堂上十分常见。除此之外，数学思想方法、数学精神和数学美的教育，都必须以数学知识为基础，如果撇开数学知识不谈，只谈数学的思想方法、数学精神和数学美的教育，这就是无源之水，无本之木。总而言之，将数学文化与课堂有机地融合在一起，更好的方法是将一个文化体系融入课堂中，而不是将数学的某个方面当作点缀，生硬地展现在学生面前。

3. 内容呈现形式的多样性

理性的认识源于情感的认识，而情感的认识又决定着理性的认识。同时，认知心理学家还提出，要在脑子里建立起一个特定的图式，就必须掌握两个以上的范例，在学习范例的时候，要有意识地找到范例之间的共同之处，再对这些共同之处进行编码，剔除一些范例之间无关紧要的差异，最终把它们存储在自己的脑海里。基于数学知识的抽象性，初中生的认知程度比较低，尤其是初中低年级的学生，他们正在学习从具体计算到形式计算，他们的思维图式也正在从具体思维图式到抽象思维图式转变。由于后一图示的发展是由前一图式的发展分化而来，因此，在教授抽象程度较高的知识时，教师应当为学生提供多种材料，让他们的感觉更加充实。

4. 多种学习方式相结合的原则

教科书的设定，是为了给学生提供一个自主、合作和探究学习的机会，是要将过于强调接受学习、死记硬背和机械培训的学习方式转变过来，但是，这并不代表完全放弃接受学习，也就是以听讲、记忆、模仿、练习等为特征的接受学习。在教学实践中，"接受式"教学法是一种有效的教学方法。然而，在接受式的学习中，并不必然造成枯燥和机械的学习，在某些方面，接受式的学习方法更为有效。在教学实践中，不能只注重"知识""技巧"，而忽视其他的学习方式。结果虽然很重要，但是离不开过程。所以，教师要利用好教材中的每个专栏，将数学实验、调查、游戏等融入学生的学习中，使他们在丰富的活动中体会数学的思维方法和数学的价值，学会用数学的眼睛去观察、去认识、去解释这个世界。比如，在"可能性"这一课上，教师把学生们分成两组进行摸球游戏，盒子里有 10 个球，3 个红球，7 个白球，一方能摸到红球，另一方能摸到白球，这样就可以让学生们在比赛中感受到"可能性"的大小了，同时教师也可以让学生们想一想，怎样改变比赛规则，让比赛变得更加公正。用游戏的方式，让学生感受到不确定性中蕴藏着确定性，从而加深对频率受概率限制这一概念的理解。即：频率可以被视为概率的一种表现形式，概率则描述了事件发生的可能性大小。又比如在有理数的算术课上，如果只靠做习题来提高学生的算术水平，学生会觉得很无趣，教师可以利用"算 24 点"这一方法，把单调乏味的练习变成一种趣味盎然的游戏，达到寓学于乐的目的。

（三）教学评价中的建议

在课堂教学中，丰富多彩的数学活动经常会使学生的注意力发生偏移，因此，教师要充分发挥自己的评估作用，指导学生用一种正确的心态来看待这些活动，激发他们的学习积极性，推动他们的全面发展。因此，在对学生进行数学学习的评价时，不仅要将重点放在对学生知识与技能的理解和掌握上，更要放在他们的情绪与态度的形成和发展上；不仅要注意学生的数学学习成果，还要注意他们在学习中所发生的变化与发展。

1. 评价内容的全面性

在教育中，评价要指导学生主动参与到数学的各种活动中，让他们在这个过程中能够进行数学的思考，建立起数学的知识，并让他们能够感悟数学之美，让他们更为理智。因此，评价的内容应该包含两个部分，一个是学生的学习过程，另一个就是他们的学习成果。在学习过程的评价中，它包含了学生在活动中的积极性、参与度、合作能力、数学的交流能力、创新能力、数学的表达能力、探索能力、反思意识等。此外，对基础知识和技能的评价应该与现实背景以及解决问题的过程相联系，更多地将重点放在对知识意义的理解以及在理解的基础上进行运用。

2. 评价主体和方式的多样化

在评价中，将自我评价、学生互评、教师评价、家长评价和社会评价有机地融合在一起，从而产生合力和正确的舆论引导。与此相对应，对其进行的评价方式也应该多种多样，比如采用书面测试、面试、作业分析、课堂观察、课后访谈、大型作业、建立成长记录袋、分析小论文和活动报告等来指导学生的数学学习。此外，在评估学生的学习成果和学习过程之外，教师还应该指导他们对数学知识的应用价值、数学知识在形成和解决问题时所使用的数学思想方法、数学家在探索数学问题时所体现的精神、数学知识在形成和应用中所包含的美等方面进行评估，并讲述自己的感受，使他们能够真正地学会数学，能够站在数学的立场上，以数学的思维来认识和思考问题。

第二节　信息技术与初中数学课程整合

一、信息技术与初中数学新课程整合的必要性

在新形势下，信息技术与新课程的融合已成为新课改和教育信息化的一个重大课题。在现代社会中，信息化已经成为一种潮流。信息化的发展已深入政治、经济、文化和社会生活的各个领域。无论从国家发展的角度还是从个体发展的角度来看，提高公民的信息素质都是教育的一个重要目的。信息技术的发展给教育带来了巨大的冲击，新型教学媒体的出现给教育带来了巨大的变革。无论是从一个民族的发展还是从一个国家的发展来看，教育信息化都是一件关系到整个民族命运的重大事件，只有通过信息技术与学科融合才能达到这个目的。21 世纪的战争，更多的是一次技术的战争，归根结底还是一次人力资源的战争，而人力资源的战争，靠的就是教育。因此，全球范围内的国家都空前重视教育的发展和教育中信息技术的应用，都力图使教育在今后的信息化社会中处于领先地位，从而在全球竞争中取得胜利。

（一）数学课程标准的阐述

数学是研究数量关系和空间形式的科学。数学与人类的日常生活息息相关，特别是当今，随着科技的飞速发展，数学已被广泛地运用于人类的日常生活中。作为以对客观现象的抽象归纳为核心逐渐发展出来的一种科学语言与工具，数学不仅是自然科学和技术科学的基本组成部分，而且在社会科学与人文科学中发挥着越来越大的作用。数学是一种人文主义的学问，也是现代社会每一个人所必需的一种学问与技巧。数学教学是促进学生全面发展的重要一环，一方面，要使学生熟悉并掌握在当代生活和学习中必不可少的数学知识与技能，另一方面，要使其发挥出在人的逻辑和创新思维中不可替代的作用。

初中数学教学的目的在于提高学生的整体素质，促进学生的全面、持续、和谐发展。在初中数学课程中，要体现基础性、普及性和发展性，以适应基本教育的需要。要以所有的学生为对象，要符合他们个性发展的需要，要使每一个人都可以得到很好的数学教学，要使每一个人都有自己的数学特点。在此基础上，笔者提出了一种新的思想观念和思想方法。它不仅包括成果，还包括成

果的产生和成果的数学思想方法。师生双方积极参与，互相交流，互相促进，共同提高。在数学教学中，应以学生为主体，教师为组织者、引导者、合作者。在初中数学课堂上，要调动学生的积极性，激发他们的思维，提高他们的创造力；在教育过程中，要注重培养学生良好的学习习惯，寻找提高学生成绩的有效途径。

初中数学教学中，教师的教学活动应当是一项动态的、有个性的、有活力的学习活动。在学生们只能被动地进行学习时，还应该运用各种方法，比如动手操作、自主探索、协作和交流等调动他们的积极性。在课堂上，要给学生足够的时间和空间，让他们进行观察、实验、猜测、计算、推理和验证。在教学中，要立足于学生的认知发展水平和已有的知识基础，面向所有学生，注重启发式教学，注重因材施教。要充分发挥教师的主体作用，采取有效的方式引导学生独立思考、主动探索、合作交流等，使学生认识和掌握数学知识与技能、数学思想和方法，培养学生的数学思维，使他们获得基本的数学活动经验。

现代信息技术的不断发展，深刻地改变着现代教育的价值取向，改变着教育的目标，改变着教育的内容，改变着教育的方法。在对数学课程进行设计与实施时，应该以现实为基础，对现代信息技术进行合理的应用，要将信息技术与课程内容融合，并对教育方法进行切实的转变，从而提升课堂教学的效率，并将其作为教育目标。它的真实意义就是获取原来的教育方法很难取得或无法取得的成效。如：运用电脑演示函数图形和几何图形的动态演变过程；收集数据库中的相关数据并做相应的统计分析；通过电脑的随机仿真，使学生对随机事件及其出现的可能性有更深的了解。要充分认识到信息技术对数学的教学内容和教学方法的作用，为学生提供大量的教学资源，以现代信息技术为数学教学和解决问题的强大手段，切实改善教学方法，让学生愿意并有可能参与到实际的、探索性的教学中。

（二）学习理论的发展

学习理论是研究学习本质和学习过程的一门学科，也是研究学习规律的学科。自 1879 年以来，心理学理论在诸多学者的争辩中逐渐发展，逐渐变得成熟、变得复杂、变得深入。有三种主要的学习学说，即行为学说、认知学说和人文学说。不同的理论对学习性质、学习过程、学习规律、学习动力等问题都有不同的回答。

"信息技术与学科融合"是一项在教学环境下进行的特定行为，其实质是基于"信息技术"的学科建设的理论与实践。通过这种整合，构建一种整合型的信息化课程新形态，使信息文化与学习者的学习生活相结合，成为一个有机的连续体和统一体，实现信息技术与课程的整体化和统一化。新的信息化课程形式是以行为主义、认知主义和人本主义等学习理论为依据的，反映出以人为本，促进人的全面发展的现代教育理念。

1. 行为主义学习理论

行为主义学习理论在 20 世纪前半期成为一种主流的学习理论，其代表人物有巴甫洛夫、华生、桑代克、斯金纳等。行为主义也被称作"刺激—响应"学习理论，它强调的是机械的、被动的刺激（S）与响应（R）的关系，它相信一个人的很多行为都会因为愉悦或疼痛的结果而发生变化，提倡用加强和模仿的方法来塑造和调整自己的行为。作为一种新的认知模式，它把"学习"看作一种长期的、不断实践的过程。教师的责任在于创造一个良好的学习氛围，并且尽力使学生的表现得到最大限度的提高。它注重对知识与技能的掌握，注重对外显行为的考察，适合于对情绪、运动技巧及行为习性的解释。基于行为主义的学习理论，在信息技术与课程的整合中，应当重视对学生的及时反馈和强化，使学生能够及时地了解自己的学习结果，从而强化学生的学习行为，削弱或排除不正确的学习行为。

2. 认知主义学习理论

从 20 世纪中叶开始，认知理论，逐渐取代了行为主义，作为一种新的教育观被认识论所替代，它的代表人物有布鲁纳、奥苏贝尔、皮亚杰等。它是一种对人的学习活动进行研究的新方法。在认知主义的学习中，我们看到了一种新的学习方式，它把学习看作一种"主动"的"信息加工"，"主动"地做出选择、注意等反应；他们主动地对已知的资讯进行学习（学生的学习、记忆与遗忘在很大程度上取决于学生过去所拥有的资讯）；他们主动寻找有关的资料，以便找到问题的答案。

它是对行为主义的一种批判性发展。建构主义学习理论认为，不能光靠教师的指导，而是要使学生在某种情境下，即在社会文化的语境下，通过已有的、需要的学习资料，通过意义建构的方法，得到知识。建构主义学习理论的核心是以学生为中心，强调让学生主动地探索，主动地发现，主动地建构所学的知识，在学习中，要注重沟通和协作，注重在教学中情境的创设，强调资源对于意义构建的重要性。在这种情况下，从对学生认识的角度出发，介绍了支架式教学法、抛锚式教学法、随机性教学法等几种教学方法。

它强调以学生为核心，在教师的指导下进行学习。在重视学生的认识主体地位的同时，也不能忽略教师的引导地位，教师只是一个帮助者和促进者，而不是一个传授者和灌输者。在教学实践中，学生不再是被外界刺激的被动接受者或接受的客体，而是成了知识加工的主体，并成了意义的积极建构者。

教师要成为学生建构意义的帮助者，就要在教学过程中从以下几个方面发挥指导作用。

（1）调动学生对学习的兴趣，培养他们的学习动力。

（2）根据课程的需要，创造情境，并提供新的、有关联的信息，使学生对所学的知识有一个新的认识。

（3）在课堂教学中，教师要尽可能地组织合作学习（进行讨论和沟通），并通过对合作学习的指导，促使合作学习朝着更好的目标发展，从而达到更好的教学效果。教师指导的方式主要有：设置合适的问题，让学生自己去思考、去探讨；在课堂教学中，努力将问题一步一步地引入课堂，使学生更好地了解所学知识；要激发和引导学生自己去发现规律，自己去纠正和弥补不正确或不全面的知识。

在目前的信息技术与课程集成的理论基础中，认知主义的学习理论是其中的一个核心，它为我们理解世界、掌握知识、把握新课改中新的教学观和师生观提供了一种有效的手段和支撑。

因此，要坚持"以人为本"，必须确立"以人为本"的理念。在将信息技术与课程进行融合时，要把信息技术当作学生的认知工具，并把它交给学生，使学生能够在数字化的学习环境中，通过数字化学习资源所提供的虚拟情境进行学习，通过信息通信工具进行谈判讨论，通过信息加工工具进行问题解决。

3. 人本主义学习理论

人本主义理论是二十世纪五六十年代兴起于美国的一个心理学派，其主要创始人是马斯洛、罗杰斯等人。人本主义的学习理念关注的是人的尊严和价值，关注人的整体发展，关注人的自由、尊严、价值、选择、责任、友爱、创造、自我、意义、成长、人的高峰经验，等等。

人本主义教育观认为，学习应当是自发的、自觉的、愉悦的和自我塑造的。人都有一种本能，那就是对知识的本能。人文教育注重学生个性发展，注重个人经验，注重情感，力求知识与情感相统一，促进学生的全面发展。同时，它也启示我们，教育的根本目的是促进人的身心发展，在新课改推进信息技术与课程整合的过程中，必须克服技术至上，构建一个以人为本的信息化学习环境。

基于建构主义和人本主义的学习理念，要想获得有效的学习，就需要让学生最大限度地释放自己的潜能，让他们主动地去构建。多媒体技术与网络技术的特性与功能，充分利用了这些特性，从而为建构式课堂教学创造了有利的条件。信息技术是建立真实世界最强大的工具，而基于网络的网络技术则为学生提供了绝好的学习环境。协作学习是促使个人深入完整地认知现有知识（即实现语义重构）的重要环节。信息技术能够为学生提供界面友好、形象直观的交互式学习环境，能够为他们提供图片、声音等多种感觉的综合刺激，并且能够通过超文本的形式对各类教学信息和学科知识进行组织和管理。所以，信息技术对学生认知结构的形成与发展，即对学生关于目前所学知识的意义建构起到很大的促进作用，这也是其他媒体或其他教学环境所不具备的。

（三）信息技术与课程整合的进程

针对国内信息技术与课程整合的实际状况与需求，将其过程划分为三个阶段：

1. 封闭式的、以知识为中心的课程整合阶段

这一时期的一切教学，都是一板一眼地按着课程大纲进行的，将学生禁锢在课本或简单的课件里，与丰富的资源、真实的世界完全隔绝开来，以知识为中心，以教师的授课为主要内容，学生依然是被动接受者、接受知识的主体。信息技术只是一个展示、沟通和指导的工具。信息技术的引进，只不过是极大地减少了教师们的课业负担，但对于培养学生的思考与能力，却是非常有限的。

2. 开放式的、以资源为中心的课程整合阶段

在此过程中，教师的教学观念、教学设计理念以及教师与学生之间的关系都发生了重大变化。教师越来越重视对所学知识的意义建构，所以，他们的教学设计也从以知识为中心转向以资源为中心、以学习为中心，教学资源是开放性的，学生在学习一门学科的知识时，还可以学习许多其他学科的知识，他们利用丰富的资源，进行了多种知识和技能的学习，他们是学习的主体，而教师是学习的引导者、帮助者和组织者。借助现代科技的支持，借助互联网这个平台，可以使学生获得更多相关的知识，丰富教学内容，开阔眼界。在筛选出有效信息后，信息处理软件就成为信息加工的工具。

不管是探索式教学还是问题解决式教学，都是以信息技术为研发工具的一种教学方法，学生的学习态度是十分积极的，其在不断的自我发现中，建构知识，提高综合能力，培养实践能力和创新能力。在由信息技术创建的虚拟世界中，学生能够随时进行实验和研究，并且能够在多种真实的复杂情况下做出决策和选择，进而提高他们解决现实问题的能力，这样就能够弥补传统教学中只

重视知识传授而忽略了能力培养的弊端。

3. 全方位的课程整合阶段

现代信息技术的运用，改变了教育的内容体系。首先，脱离实际的知识传递、技能训练等简单的课程设置出现了重复与阻碍，突出知识的内在联系、基础理论以及与现实生活紧密联系的课程设置日益凸显其重要性。其次，在表达方式上，从最初的文本结构和线性结构向多元媒体结构和超链式结构转变；在课程设置上进行变革，培养学生的综合素质。教学目标将真实性问题作为学习的中心，这就需要在教学过程中，突破学生在课堂上听课的时空局限，以项目和问题为单元，对学生学习的时空进行再设计和计划。

（四）信息技术与课程整合的目标

在信息化条件下，实施教育改革，推进教育事业发展，必须把信息化与学科相结合。其宏观目标可界定为："建设数字化教育环境，推进教育的信息化，推动学校教学方式的根本性变革，培养学生的创新精神和实践能力，实现信息技术环境下的素质教育与创新教育。"具体可以阐述为：

1. 对学生进行终身教育，使其具备终身教育的观念与技能

在此基础上，产生了一种新的、有意义的、具有创造性的、有价值的知识。与此相对应，信息技术与课程的一个具体目标就是让学生可以进行自主的学习，可以制订并实施自己的学习计划，并且可以对自己的学习过程进行有效的控制。

2. 加强学生的信息素质教育

信息素质就是了解资讯需求，能判断，能评估，能有效运用资讯，能与人交流。信息素质是信息素质教育的重要组成部分。

3. 在信息化环境中对学生进行学习方法的训练

在现代信息技术的支持下，初中教学中的教学方式将发生重大变化。学生的学习不需要依赖于教师的讲授和教科书，而需要通过信息化平台和数字化资源，在师生之间协商讨论、合作学习，并在收集利用资源的过程中，对知识进行探究、发现、创造、展示。因此，我们必须将多媒体技术与课堂教学相结合，并对其进行有效的运用。

4. 对学生适应能力、应变能力和解决问题能力的训练

在当前的信息时代，知识的总量以指数级的方式快速增加，已成为影响我国生产率与经济竞争能力的关键因素，但其也呈现出更新速率不断加快、陈旧率不断提高、周期不断缩短的趋势。而且，因为知识的高度综合性和学科间的

互相渗透，许多新兴学科、交叉学科不断出现，在社会、经济、政治等诸多方面对人们的生活造成了深刻的影响。当今世界，科学技术发展迅速，人类的适应能力、应变能力以及解决问题的能力越来越受到重视。

（五） 信息技术与课程整合的内涵

信息技术与课程整合是在所有课程中，基于信息技术在教育中的三大功能（作为学习对象、教学工具与学习工具），对课程的各个方面（课程内容、课程资源、教学环境、教学过程、教学评价等）进行最优组合，并进行系统设计、处理和实施，以更好地实现信息技术教育与全部课程的目标。信息技术与课程的结合等同于信息技术与学科教学的结合，作为一种工具、一种介质、一种方法，信息技术被运用到了教育的各个层面，包含了教育的准备、教育的过程和教育的评价。

信息技术作为一门综合学科，又需要与其他学科相结合；信息技术与课程整合就是通过各学科课程把信息技术与学科教学有机地结合起来，所以，信息技术应当更多地服务于课程，信息技术与课程整合不仅是将信息技术应用于教学，还是一种更高层次的融合，需要将信息技术作为学生的学习对象、学习工具和教师的教学工具三种功能有机地结合在一起。信息技术与课程的整合，不仅包含在信息技术与课程的整合中，更包含在师生间的交互与探究中。总之，信息技术与课程的整合并非将信息技术与课程简单重叠，而是在一个系统中将两种技术进行整体协同，并互相渗透，从而使系统发挥出最大效益。也就是说，在一个系统中，信息技术与课程都起着无可取代的作用，因此，该系统实现了一个"总体大于局部"的作用。

信息技术与初中数学新课标的整合点可从以下两个角度进行研究：①在新课标中有什么地方可以融入信息技术？②分析信息技术和数学两个科目之间存在的问题。然而，相对于国外先进的教育理念，新的教育理念仍然存在着很大的差距，在实践中存在着许多不足。在各学科的课程标准中，关于信息技术的意见和要求大多集中在了教学意见和课程资源开发方面，或是从更大的角度对其进行了论述，但并没有将其详细地贯彻到每一个具体的教学要点上，这就导致许多教师虽然明白在课堂上应当将信息技术当作一种学习手段，但是对于如何运用却是一窍不通。

（六） 信息技术与初中数学新课程整合对教师的挑战

教学变革的中心是课程变革，而这一变革的中心是教师的成长。信息技术与新课改的融合，会给教师带来挑战，正如危机是危险与机遇的结合体，挑战也是教师成长的契机。

1. 教师角色的变化

现代社会的发展，对教师的影响越来越大。由于受客观条件的限制，在一般情况下，教师仍然是知识的体现、信息的来源，学生所获取的大部分信息都来自教师，教师被认为是知识传授、信息传播过程中的权威，是教学的中心。但教师已经不是唯一的教师了，教师作为"主体""中心"的地位正在发生着变化。在多媒体教学的背景下，教师的角色是：创造出与学生之前的经历和他们所教授的课程内容相适应的问题情境，从而让他们的学习兴趣和探究愿望得到充分发挥，并指导他们运用各种信息资源来积极地构建自己的知识。教师的角色从一个知识的传授者变成了一个学生学习活动的设计者、组织者和推动者，从一个核心角色逐渐地转向了一个边缘角色。

2. 教师观念的转变

新课程理念的形成是一个复杂的过程，新课程理念的获取依赖于以往的实践，新课程理念与新课程改革的预期常常有一定的落差。教师认为自己改变了看法，但这种改变可能只是表面上的，表面上的泥土挖开了，底下的泥土还是很硬的，要从里面挖开一块，那是不易的。教师认为，对学生的要求是：态度认真，诚实可靠，遵纪守法，信心十足，创新能力、交际能力增提高，对中国的政治经济情势的了解程度须加深。目前，我国师资队伍中的"人才质量"观念，与工业化社会"流水"式的生产要求"准时、准确、可靠、独立解决问题"的人才范式相吻合。与之对应的教学模式就是以教师为主导，以知识传授为主要手段，强调整体而忽视个体的教学观。这种情形与课程改革者的理念存在很大的差异。当前的课改需要教师改变固有的、不合时宜的教学价值观念和行为习惯，"由教师转变为学习的参与者、促进者、指导者""由教师转变为科研型、创新型教师""由单一型教师转变为综合型教师""由面向全体学生转变为面向全体与面向个体相结合"。

3. 教师专业知识的转型

在教学实践中，教师的职业素养和学生的课程素养并不是一视同仁的。在过去，对教师职业知识的理解通常是一个复杂的立体"T"形，横线指的是"涉及面广"，竖线指的是"涉猎更广"，体现了"博"与"专"的有机结合。在将信息技术纳入教学内容的过程中，教师的专长肯定要由"T"改为"π"，也就是说，在信息技术领域要有相当的造诣，要想"一专多能"，就得具备信息技术领域的基础。

4. 教师教学技能的提高

教师的教学能力一直以来都备受重视，而高水平的教学能力又是一位高水平的教师所必备的素质。时间的推移对学生的学习质量提出了不同的要求，也对教师的教学技能提出了不同的要求。信息技术与新课程的整合，对教师们原来的"三字一话"基础，提出了新的教学技巧与能力，例如：教学过程的设计、学习资源的选择、学习环境的创设、学习效果的评估、学习信息的管理等。

二、信息技术与初中数学课程整合的教学设计

将信息技术与初中数学课程进行整合，不管是在怎样的教学理论的指引下，也不管是采用怎样的教学方式，最终，它都是建立在两个层次上，即：教师的教学行为和学生的学习行为。教师要围绕师生的教和学的活动进行一系列教学设计，规划这些教学活动和所要达到的目标及其评价标准、所需的环境和资源等因素。

做任何事情都要有策略，尤其是教育。通过课堂设计，确定"要学什么"和"如何学"，使"要学"成为"要做的事"；筛选并提供学生所需的学习资料；确定学生所需的支持以及教师如何给予支持；计划好怎样搜集资料并评定学生的分数等。

如果在设计教学时，对学生应该学习什么以及如何学习进行了仔细的考虑，那么，就可以充分发挥自己的想象力和创造力，将一些无用的教学行为剔除出去。当教师通过教学设计达成一项满意的教学计划后，其自信心、安全感及执行计划的积极性都会提高。

信息技术教学设计是在先进的教育思想（特别是建构主义）的指引下，针对新的时代特征，以多媒体、网络为基础，围绕"问题"情境的设计，以及提高学生解题能力的教学策略，进行一项有计划、有条不紊、有步骤的教学活动。信息技术教学设计旨在激发学生在信息化环境中，通过合作、开展探究、实践、思考、综合运用、问题解决等更高层次的思维活动，增强和提高学生的创新精神和动手能力。这样一种教学设计，以建构主义理念为基础，将学生作为认知过程的主体，是知识意义的主动建构者，它对学生的积极探索、积极发现，对培养创造性人才起到了促进作用。信息技术与课程整合是信息化教学发展的一个必经之路，也是信息化教学的一种特定形态，因此，我们可以用

信息技术与课程整合的理论来指导信息技术与课程整合的设计。

（一）教学目标的设置

教学目标是一种对学生学习后所要达到的行为状态的清晰、具体的表达，是学生在实施信息化教学活动过程中所要达到的学习结果和标准。这就要求在教学过程中要有看得见的、可测量的教学效果。在信息技术与教育整合中，确立教育目标起着双向作用。首先，它可以帮助我们选择合适的教学方式和运用方式，从而为学生创建一个符合他们学习目的的教学环境。其次，对保证正确的评价有所帮助。在不了解学习目的的情况下，也就不可能了解学生在学习过程中所取得的成绩。

教学目标的构成与类别并非一成不变，布鲁姆将其划分为三个主要范畴，即认知范畴、情感范畴和运动技巧范畴，并对每一范畴划分出不同的层级。其中，认知范畴包括：认识域、理解域、应用域、分析域、综合域、评价域；情感范畴包括：价值观的接受与反应、价值观的形成、价值观的组织、价值观的个人化；运动技巧范畴包括感知、模仿、操作、精确、连贯，以及习惯性。在新一轮的课改中，教师的教学目标可以分为四个层次：知识与技能、思维与创新、价值观与情感、能力与素养。这些层次的目标相互关联、相互促进，旨在培养具备全面素质的学生。教师在实施新课改中需要根据学生的需求和特点，综合考虑这些层次的目标，设计和实施相应的教学策略，以促进学生全面发展和成长。

在教学实践中，我们常常把教学目标从总体和具体两个方面进行表述。总的教学目标是用一个动词来描述学生在学习过程中所发生的内在变化，如记忆、感知、理解、创造、欣赏等；具体的教学目标是用一系列的行为动词来列举具体的行为实例，也就是学生在学习过程中所表现出来的，能够反映他们内心变化的外在行为。

（二）教学内容的确定

教学内容就是学生要学习的内容，它是教学目标的知识载体，由事实、概念和原理组成。信息技术教学内容的选择应该是科学的、先进的，要与教学内容的内部逻辑系统以及学生的认识规律相一致，并且要以与国家相关的规范标准相一致的方式来表现。

在选择特定课程的教学内容时，要充分考虑信息技术对课程内容的冲击，进而引起课程内容的改变。与此同时，还要考虑到这门课的内容在该学科课程内容标准中所处的地位，以及它与前后知识之间的联系，全面考量信息技术对这门课的变革，从而确定在这门课中应该有多少信息技术被引入。在教学过程中，信息技术和学科教学内容在各自的课程标准中往往无法找到准确的对应点。不过，这两者之间还是要有一定的联系。比如：学习内容是统计图表的制作与分析时，在信息技术方面有多种工具软件，如 Excel、PPT、Word 等。

在明确了教学目标后，要根据教学目标、教学任务等因素进行教学目标的选择。要以所教知识的广度和深度为基础来决定所教知识的范畴，还要特别关注：①所教知识、概念和原理在全部课程中所占据的比例；②学生的社会背景、年龄、兴趣、需要和能力。在确定了教学内容的范围后，还要明确教学内容的重点，并排列教学内容的教学次序，新学的内容应基于已有的知识之上。在此基础上，还应为其提供一个链接，让学生了解新的知识和旧的知识是怎样结合在一起的。简单来说，就是要把学习到的各个方面都安排得井井有条，并且具有重要的关联性。

（三）教与学活动的选择

在明确了学习目标、学习内容、学习资源之后，就要用合适的学习方式去完成这些目标。课堂教学中最基础的教学活动包括课堂发言、问答、自学、分组研讨等；此外，还有发现学习、探究学习、合作学习、问题学习、情境学习、个性化学习等多种学习方式。

信息技术与教学的整合方式，确定了信息技术与教学的课程及活动的种类、次序、结构。一般情况下，教师们都很难按照自己熟悉的方式进行调整，这对教师们来说是不好的。在课堂中，要按照教学目标和教学内容来选择教学方式，有些教学目标和内容适用于传统教学方式，有的则适合于采用探究学习等模式。

在网络环境下进行多媒体教学，其组织方式多种多样，但应依据不同的教学目标、教学方式等进行。例如，在相同的教学内容中，如果采用的是探究学习的方法，可以开展网上调查、基于课件的问题解决、基于论坛或课堂的讨论与交流等教学活动。在有意义的接受式教学中，主要有讲解和示范，提问和回答，操作、练习和模拟。在教学中，教学的布置和顺序应与教学的目标相一致。概括地说，基本教育中融入信息技术的内容包括：讲解和示范、提问和回答、操作和练习、解决问题、讨论和交流、实验、个别指导等；综合运用多媒体技术进行专业教学，如模拟教学、游戏教学、观察教学、调查教学等。

（四）教学环境的创设

从实质上来说，教学环境是对人的学习生命存在及其活动有影响的各种物质文化因素的总和，它包含了各种空间里、各种时间进程中对人的学习有影响的各种物质文化因素。在此基础上，提出了一种基于社会环境的、基于物质环境的研究方法。其中，物质环境是指班级的物理空间和教学软硬件资源的布局，而社会环境是指班级氛围、班级管理、交流合作的形式等。

实践证明，在数学课中，教师能够依据自身的目标，合理地设置情境，使数学课更好地进行。在将信息技术与教学相结合的过程中，教师要按照自己所选用的教学模式、教学活动以及教学组织方式，合理地安排、调整学生的座椅以及信息技术的布局。在有教师指导的课堂上，前面和中间两排的同学看上去最有活力，我们把这一部分称为"中心区域"。教师大部分时间都是站在这个区域的最前方，教师和学生的对话也主要是在这个区域内进行，而其他位置，特别是坐在后排的同学，很难参与，也很容易心不在焉。所以，教师们应该频繁地调换教室里学生的位置，让每个人都能得到一个"中心区域"的位置。

大体上，班级的气氛可分三种：专职的，民主的，自由的。在传统的课堂中，学生通常是听教师讲课，记录教师的推导和评述，回答教师的提问，这样的课堂气氛通常是独裁的，在新的信息技术教学环境中，学生有必要主动提问，回答同学提问。正因为如此，教师就需要营造一个民主的班级气氛，让学生可以自由地发表意见和建议。教师要想成功地制定出一套引导原则，让不同水平的学生主动参与到活动中，就必须营造出一种不冒险的气氛，让学生的贡献受到尊重和重视。

（五）教学评价的设计

教学评价是在遵循教学目标的前提下，通过多种技术方法对教学活动的过程和成果进行测量和度量，并给予价值判断。评价是一个重要的环节。在信息技术条件下的教学设计中，要改变以往的评价主体单一、过分重视总结性评价的教学评价模式，注重评价主体多元化、形成性评价、面向学习过程的评价，让学生本人、同伴和教师评价其在学习过程中的态度、兴趣、参与程度、任务完成情况和学习过程中的作品等。

应依据教学目标确定教学评价的内容。新课标提出，数学教学应包括以下几个方面：知识与技能；数学思考；情感态度与价值观；解决问题。教学评价的内容也要与之配套。评价内容分为三个层次：记忆力、理解力和应用力。评价过程和评价方法则是对学生的解决问题能力和学习策略进行评价。情感态度与价值观的评价，主要有对所学知识的态度和价值观，对学科和信息技术本身的态度，对学习过程和方法的态度，对学习的动力，以及对自己的情感等。

在课程评价的目标确立之后，要对课程评价的方式和效果进行探讨。目前，数学教学中普遍采用的评价方式主要有主观测验，并辅以真实性评价、表现性评价和档案袋评价等。在情绪教学中，可以通过行为观察、问卷调查和自省等方式进行。

教学评价的实施主体有多种，既有教师的参与，也有学生的参与。在实施教学评价的全流程中，应将测试的准备、测试的实施、测试结果的处理以及测试结果的汇报等有机结合起来。除此之外，教师还可以通过信息技术，将学生对每个题目的回答进行记录，进而对教学的得失和学生的学习状态进行分析，对教学进行改善。

三、信息技术与初中数学课程整合的教学模式

教学模式是一种以某种教学理论为指导，形成一种较为固定的教学活动结构与过程的方法体系。教学模式既是教学理论的具体体现，也是对教学实践的直接指导，是将教学理论运用到教学实践中的一座桥梁，具有一定的可操作性。在教学实践中，这种教学模式能够帮助教师明确自己的教学应该做什么，应该怎么做。

我们可将信息技术与课程整合视为一个总体单位。信息技术与课程整合的教学模式决定了教学和学习活动的类型、比例、组织方式以及时间安排，能够让学生感受到不同的学习心理过程，进而获得不同的教学和学习效果。在信息技术与专业知识相结合的教学方法上，存在着对传统教学方法的改良和根据信息技术特点进行创新等问题。教学方式没有好坏之分，要根据教学目的和教学内容而定。在实施多媒体教学时，要结合学科特点、教学目标、教学内容等多方面的特点，对多媒体教学进行适当的设计与开发。无论是从传统意义还是从现代信息技术发展来看，其主要表现为两种：一种是接受式和探究式的，一种是个体式和合作式的。

（一）接受学习与探究学习

接受学习是一种非常重要的学习模式，它包含了有意义学习、直接教导、

模仿学习等各种形式。在接受学习过程中，教师通过语言文字、图表等形式，将课程的内容直接带到了学生面前，引导他们对课程的理解和思考，使之与他们头脑中原有的知识概念相结合，并通过练习活动来强化所学的知识。

信息技术所带来的多媒体资讯、交互性及网络交流等优点，能够使受教育者的学习效果得到改善。

探究学习是一种让学生模仿科学研究的流程，对课程内容进行学习，对其进行体验、理解和应用，从而达到提高科研水平的一种学习方式。主要内容有：探究式学习、发现式学习、问题式学习、项目式学习、资源式学习、真实性学习等。提出假说，收集资料，验证假说，是探究学习的中心环节。探究学习的过程大体一致，但对自然性课程和社会性课程的研究而言又有所不同。

在探究学习中融入信息技术，可以让学生突破以往探究学习的某些局限。利用网络，人们可以很容易地获取大量的信息，不用去图书馆、阅览室，也可以非常方便地处理数据、制作图表、撰写文章，通过电子邮件、网上论坛等方式将自己的研究结果进行共享，大大提升了学生们的学习兴趣和成就感。一体化的信息化为学生提供了大量的学习资料，为学生提供了强大的学习支持系统，并为学生提供了学习的必要条件。学生们可以更加明确地提出自己的设想，并使用大量的数据来检验自己的设想。此外，利用信息技术可以仿真实际问题，让学生能够观察、分析、提出假设，解决这些在传统教学中难以触及的真实问题。

（二）个体学习与合作学习

个体学习，也叫"自主学习"，是培养终身学习的基础，是指在学习之前，由学生自行设定学习目标，制订学习计划，并对学习进度和方法进行自我监控、反馈和调节，完成学习之后，对学习结果进行自我检查、总结和纠正。在课堂教学中，学生的自学能力可分成两类：独立的自学能力和在教师指导下的自学能力。

个体学习和信息技术相结合，是指利用信息技术帮助学生对自己的学习进行监控与调整。在此情境中，学生可以根据自己的学习进度与程度，通过个体化的回馈，持续地进行自我调节。人机交互是多媒体计算机最突出的特点，将多媒体计算机引入课堂中，会产生一种新型的、图文并茂的、丰富多彩的人机交互的学习方式，学生可以依据自己的学习基础和学习兴趣来进行学习的内容设计和练习。要想使其有效地发挥作用，就必须使其符合自身的需求与特征。

合作学习是一种以集体的形式进行的相互协作，以达成一个共同的目标。

合作学习将个体之间的竞争转变成了群体之间的竞争，它为学生提供了一个对同一问题用多种不同观点展开观察、对比和分析综合的机会，从而可以获得激动人心的效果。这不但有利于加深对问题的认识，更有利于强化对所学知识的把握和应用，还有利于发展高等的认知能力，培养合作精神，建立良好的人际关系。合作学习的主要方式有：竞争型、协作型、伙伴型、角色型等。

将信息技术与合作学习相结合，有助于改变传统的"消极"的学习方式，建立起以"积极"为核心的新的认识。要转变教学方法，要使学生化被动为主动，使其发挥主动性。以学生为主体的学习，就是要在教师的指导下，让学生在信息化的学习中主动去搜集、分析有关的信息与材料，要勇于对所学的问题提出各种假设并加以验证，要运用探索法、发现法、协商法去建构知识。此外，还要善于借助别人，例如教师的指导，与学习伙伴的交流、讨论和协作，从而提高自己的合作和创新精神。

四、信息技术与初中数学课程深度融合的对策研究

笔者在调查研究的基础上，对初中数学教学中实施信息技术的情况进行探讨，并提出相应的对策。该节结合当前的状况及原因，从学校、教师和学生三个层次展开了相应的策略研究，希望可以推动信息技术与初中数学课程的深度融合。

（一）学校层面对策研究

1. 完善校园信息化教学环境建设，提升硬实力

教学环境是一种综合性体系，任何对教学活动产生作用的因素都属于教学环境中的一种。从教学条件、教学工具、教师队伍等方面对教学条件进行分析，提出提高教学质量的对策。伴随着科技的快速发展，以及信息技术与初中数学课程的深度融合，构建信息化的教学环境，以推动初中数学课程的教与学，已经成为学校工作的一项重要工作。对学校信息化教学环境的不断改进，有利于促进信息化教学的有序高效进行，提高师生的整体信息素质。

要想将信息技术与初中数学课程相融合，必须有一个良好的信息化教学结构，这样才能为初中数学教师的教学活动提供有力的支持，也为学生的数学学习带来更多的可能性。

（1）在每个班都要强化平时的教学，利用多媒体进行教学。可采用计算

机、投影仪、音响、交互式电子白板等辅助教育器材。教室中的信息化教学环境极大地影响着数学教师的日常教学，计算机和投影仪为多媒体课件和微课等多媒体资源的展示提供了方便。然而，由于数学的学科特性和特点，交互式电子白板的作用为教师在课堂上的动态展示提供了强大的支持，并与数学教学软件相互配合，提高了数学的教学效率。

（2）在多媒体演示课程中，强化课堂教学的管理，以促进课堂教学的顺利进行。多媒体展示教室用于教师录制微课、展示公开课、教师教学技能评比、教师信息化教学技能培训等，只要有足够的条件，就能为初中数学的教与学创造一个较好的氛围。

（3）各个学校应加大对校园网的投入，加大对校园网的使用力度。校园网是学校信息发布、教学管理、科研和数字资源建设的有力支持和保证。同时，网络教学支持平台和教学信息资源库还能够为初中数学的教学和学习提供智慧化、智能化的教学环境。在初中阶段，只有具备良好的教学环境基础，才能更好地开展数学教学，提升初中数学教学的质量。

（4）加强对数学学科教学资源的构建。随着信息化技术的发展，数学课程资源的内涵日益丰富。学校拥有完善而丰富的数学课程资源体系，这将大大提高初中数学教师教与学的水平。首先，对数学教师的课件、微课等进行了统一，以便于教师的交流。其次，把各类优秀的资料上传到校园网或以文字、图片和视频的形式储存起来，以便教师阅读和利用。最后，将学生的数学学习反馈进行整理，以便教师能够对他们的教学进行归纳，并给他们提供更精确的数学学习意见和计划。

2. 完善教师信息化教学能力培训，巩固软实力

为了促进学校教育的现代化，以及信息技术与各种学科之间的深度结合，从而提高教师的教学效率，对教学与学习的方法进行改进，并逐渐推动学校信息化的发展，推动学校向现代化教育的转型，每一所学校都在对学校师资进行全面的优化。而在这一过程中，对教师进行教育培训是提高师资队伍素质的一条重要途径。但是在具体的培训过程中，主要是以理论培训为主，而缺少对教师的技能培训，尤其是对数学教师进行的技能培训更是缺乏，这在很大程度上制约了信息技术与初中数学课程的深度融合。

（1）各学校应根据各自的专业特点，开展理论性与实践性的训练。有着丰富教学经验的初中数学教师能够在理论上对年轻的数学教师进行指导，从而弥补他们在教学上的缺陷。拥有良好的信息技术能力的年轻教师还能够在信息化教学方面展开实践，从而弥补由于缺乏专业培训人员而造成的无法进行培训

的问题。同时，还能在不同的学校进行不同区域之间的训练与交流，实现理论与实际的全面结合。

（2）在此基础上，利用信息技术，开展初中数学校本课程的建设。校本课程是指由学校自行开发，并带有地方特色的一种课程。初中数学完全可以不再限于用传统的教学方法来进行教材的编制，它可以让具有丰富理论和实践经验的数学教师团队和初中生、初中生家长共同参与进来，从而对"初中数学校本课程"的内容和形式进行重大的创新，从学校层面上推动"信息技术与初中数学课程深度融合"的发展。

3. 规范学校信息化教学管理方针，提高综合力

学校教育信息化的发展既有"硬实力"，也有"软实力"。校园网络、多媒体课堂等与初中数学教学有着密切的联系。在这些方面，"软实力"建设包括了教师和学校管理人员两个方面的内容。一名初中数学教师能否成功地实现信息技术与课程的深度融合，直接关系到学生能否在教师的信息化教学中获得更好的学习效果，而一名学校管理者对信息技术与课程深度融合的重视程度，也直接关系到数学教师运用信息技术的质量。因此，要好好落实教育信息化建设。

（1）学校、教师、家长和学生都应给予足够的关注。无论什么知识，都离不开教师的教导、学生的学习、父母的参与。从学校管理人员到全体数学教师，从全体数学教师到班上的学生，从班上的学生到家长，都要把信息技术融合到数学的教学和学习中去。尤其是，要让校方对信息化教学的意义有足够的了解，要有一支对数学学科信息化教学有研究的专家队伍，只有这样，在学校的管理和数学课程的教学中，才能满足信息化教学的要求。

（2）在各项教学工作中，要注意培养学生的特殊能力。在学校各项工作中，归根结底是要提升教师的信息化教学能力，而不是仅仅提升信息化教学的意识。例如，在信息化教学培训中，对数学教师进行了专业的理论和技能的提高；在进行技能比赛时，注重教师利用信息技术在数学学科知识上的创新；在观摩课考察时，注重教师信息技术与数学课程融合深度的考核等。通过以上几点，将使初中数学与信息技术的深度融合达到质变。

（二）教师层面对策研究

1. 信息化教学理念先行，信息化教学能力并重

教育和资讯，是推动一个民族和一个国家发展的两个主要力量。在信息技术与初中数学课程深度融合的进程中，初中数学教师的良好工作态度、工作水

平等都会极大地影响到初中数学学科的发展，从而使他们在这个进程中更有兴致，更能灵活地应用所学到的东西去解答问题，这与教育信息化教学能力不符。在新的历史条件下，怎样才能更好地为广大学生服务，提高他们的综合素质，是教师所要面对的重大问题。"我很想用，但是我不会"，这句话是数学教师对于运用信息技术教学的心声，前半句话说明了他们在信息化社会中所培养出来的信息意识，后半句话说明了他们的信息能力不足。"信息化教学能力"指的是在现代教学理论的指导下，以信息技术为支持，利用教学技术手段开展教学的能力。

（1）初中数学教师要有扎实的理论基础。在此基础上，从两个方面展开论述：一是初中阶段的数学基础；二是信息技术。要提高自己的理论基础，就需要在课堂之外，研究新政策、新课标、新教材等更新的文字材料，了解新政策对于初中数学的新的发展趋势，了解新课标对于初中数学教学的新思路，了解新教材的新内容。这就需要教师在教学中不断地进行相关的理论学习。而现在，大部分教师的基础都是过去的东西，过于陈旧，已经无法满足"深度融合"的需求，所以，他们必须从课本上、从其他教师身上获取更多的知识。

（2）初中数学教师要有利用信息技术进行教学的能力。该能力分为"利用信息技术"和"利用信息技术手段进行教学"两方面。在日常生活中使用计算机和移动电话也是培养学生的信息化技能的一种方法，但是信息化技能的运用与教学技能的运用有很大的区别。在初中数学教学中，提高学生的计算机应用水平，是一个十分重要的问题。这就要求初中数学教师首先要在学习理论的基础上学会使用信息技术，再学会利用信息技术来对教学进行辅助，最终将信息技术融入自己的教学活动之中。可以通过参与校内或有关单位组织的培训，通过网络平台查找教学资源，也可以向有经验的教师或者是有专门知识的教师请教。最后，必须将所学到的技巧运用到数学教学中，这样才能让教师的信息化教学水平得到提升。

2. 增加信息技术的运用，转变数学的教学方式

在传统的教学观中，教学是一种师生双方的双向行为，教师把课本上的东西用课堂教学的形式传授给学生，学生用作业和考试成绩来进行反馈。但是，随着信息技术的持续应用，信息化教学环境的持续改善，师生之间、生生之间、师生与多媒体之间等各种形式都会出现。以信息技术为基础，对初中数学教师进行教学改革，是每个初中数学教师必须面对的问题。

（1）在各类课程中，加入信息技术，包括备课、讲课及课后等。在信息化教学环境的支撑和信息化教学对教师能力的要求下，教师并不只是在课堂上

使用信息技术，还可以将信息技术融入教学的每一个环节。在备课的过程中，教师可以利用收集到的信息资源来充实自己的教学内容和教学方式；在教学阶段，运用各种信息技术，可以有效地改进教师的教学水平；在课后的一个阶段，通过对学生的作业进行安排和反馈方式的改革，来提升学生的数学学习积极性和有效性。

（2）运用信息技术，由知识传授改为"探索"。将信息技术与初中数学课程深度融合，在教学方式上，提高了学生的数学学习兴趣；在数学知识的表达方式上，教师所讲的知识难度降低；在教学的时空上，给学生带来了更加便捷、更加灵活的学习方式，为他们主动探究新的知识创造了有利的环境。在信息化条件下，教师可以通过各种方式，如提出问题、提供资源等，帮助学生构建出自己的数学学习思维和架构，使学生主动地学习，从而获得更好的学习体验。

（3）充实传统的教育方式，开辟新的教育方式，探索新的教育方式。线下教学是教师教与学最重要的一种方式，它能够让教师和学生在课堂上直接展开知识的讲授，获得反馈并进行及时的交流，从而发挥出其监督作用和学习效果。伴随着信息技术的不断发展，在线上教学中，人们可以采用各种方法对不同的数学知识展开各种形式的展示，还可以随时进行授课和反馈，这就是在信息化教学的大背景下，每位数学教师都应该改变的一种教学模式。

3. 教学活动中勤于实践，技能评比中用于实践

在 TPACK（Technological Pedagogical Content Knowledge，即整合技术的学科教学知识）理论中，提出了在信息技术与课程融合的过程中，教师必须具备的三个核心要素（即学科内容知识、教学法知识、技术知识），通过不断地实践，最后形成了四个集成技术知识（即学科教学知识、整合技术的学科内容知识、整合技术的教学法知识、整合技术的学科教学知识）。而这一切都要求教师运用学科知识、教学方法知识和技术知识进行教学。与其他科目比较，初中数学的教学内容比较抽象，简单的 PPT 课件、微课视频等，虽然能够在短期之内提高学生的学习兴趣，但并不能提高他们对该科目的学习效果。教师实施信息技术教学之动力主要来自学校的工作，而学校亦以提升其信息技术能力为目标而举办评比。如果只是走个过场，那么"深度融合"的效果就会大打折扣。

（1）将理论运用于实际。在初中数学的教学过程中，学生复习、课前导入、新课讲授、题目讲解、反馈评价等都可以开展教学活动，教师们可以根据自己的实际情况，根据自己的喜好，对自己的学习内容和学习方式进行相应的

调整。教师们可以利用微课进行复习，也可以让学生自己去查找相关的资料，还可以在课前引导、新课教学时，利用 PPT 课件进行展示，并针对不同的知识点，在讲解题目的时候，选择相应的 App 进行操作，从而推动"信息技术"与"初中数学"的深度融合。

（2）以评促进。除了教师使用信息技术外，学校与区域内有关技巧的评比亦将加入信息技术使用。教师对此项工作的重视程度较高，而在学校和区域内有关技术的评比中，则会加重学生的负担。不过，参加比赛也是提升自己实力的一种方式。通过平时的教学练习，为技能竞赛打下良好的基础，通过参加技能竞赛，可以提升平时的教学质量。不是为了竞赛而练习，竞赛的最终目标是提升教师整体的信息化教学能力，获取竞赛中涌现出来的优秀的教学资源，从而为数学教学活动服务。

4. 立足于信息化资源，挖掘数学课程教学资源

教学资源是在教学中所采用的各种类型的教材、各种支持体系、各种形式的教学活动。信息技术教学资源是以数字化的方式进行教学，它包含了师生在教学和学习中所需的各类数字化材料。信息化的教学资源蕴含着大量的教学信息，它有助于将信息技术与初中数学课程进行更深层次的整合，然而，在使用这些资源时，教师们往往会死守已有的经验，而忽略了如何去挖掘和使用这些资源。利用信息资源，既能提升"教"的品质，又能推动"学"的发展。知识不仅是从书中获取的，也是从网络上获取的。

（1）要从多个角度、多个平台、多个渠道、多个途径发掘教学资源。教学资源已从单纯的图像、影像材料转变为各种不同形态的知识。首先，学校提供的数学课程资源可供参考、可供借鉴、可供选择。其次，互联网上的教学资源是非常发达和丰富的，能够为广大的教学工作者提供启发。在学习过程中，要充分利用手机、电脑、平板等设备，寻找和积累各类课程资源，并把它们转化成自己的教学内容。

（2）基于数学学科的特点，开发基于数学学科的教学资源。各学科有各自的教学资源，一体化教学应立足于具体学科，具有较强的灵活性和创新性。例如，在初中数学课程中，"图形与几何"这一部分是最具抽象性和逻辑性的知识，所以，当教师使用一些静止不动的图片时，要使学生迅速了解图片间的联系是非常困难的。此时，诸如几何画板、GeoGebra 等专业的数学应用程序，都会以一种动态的形式展示给学生，这就需要教师持续地挖掘与数学有关的教学资源，以充实自己的专业知识。

5. 立足于初中生需求，建构多频式教学思路

"学生需求"是一切教学行为的出发点，建构理论强调教师应发挥其"支撑"作用，及时给予指导和帮助。许多教师在开展信息技术课程时，只注重学生的学习兴趣，缺乏启发学生思考的意识。新时代的初中学习，应从为自己创造一个理想的学习氛围开始。由于在课堂上，学生所能获得的知识量非常少，所以，在课堂上，教师应该抓住一切可以抓住的机会来提高他们的数学水平。此外，必须先理解学生的需求，然后才能实施精准的教学，这亦是信息技术与数学课程进一步融合的关键所在。在传统的教学方式下，大多数情况下教师通过布置作业、批改作业等方式对学生进行督促、检查。而且，数学最重要的就是思考，如果你没有一个好的想法，就很难把这个问题解决好。要实现信息技术与数学课程的深度融合，必须围绕学生的需求，充分利用课程资源，与学生进行交互，并进行评价和反馈。

（1）教师们可以在各个平台上建立一个沟通群，如微信群、QQ群等。在课堂学习的时候，学生对知识的学习还停留在教师的讲解上，他们发现问题的一个重要途径就是对数学题目进行分析，而这大多发生在课后。当学生在家里遇到问题的时候，能够及时地得到解答，这将会大大地提高学生的学习效率。因此，教师们可以在不同的在线平台上，建立一个与数学知识有关的交流共享群，学生们可以在任何时候，将他们在作业中遇到的问题或者难点，发送到公共平台上，如果有会做的同学，可以提出解决问题的方法，如果都不会，还可以由教师进行统一的讲解，让学生们能够反复地进行学习。这不但能给学生们提供即时的解答，而且能节省教师在上课时给学生们讲解作业的时间。

（2）教师们可以通过各个平台关注初中数学相关的公众号，并进行相应的注册。目前，很多教师都是围绕着一本数学课本、一套数学教参来进行教学，其教学资源已经无法满足学生对数学知识的需求。尤其是现在，各类试题的难度越来越大，创新程度也越来越高，教师可以从各大网站的公众号中获取到更多的趋势题和教学理念，非常有价值，而且教师也可以根据自己的教学情况，对学生进行针对性的教学。

（三）学生层面对策研究

1. 正确运用信息技术提升学生的数学学习效能

在信息技术的支持下，信息技术的发展给数学教学带来了新的挑战，也给数学教学带来了新的机遇。当代初中生拥有更多的机遇，他们更容易接受和掌握信息技术，所以，在信息技术与初中数学课程深度融合的过程中，他们能够

巩固在传统课堂上相对薄弱的知识。

（1）作为一个学生，需要一种自我约束能力。教师在教室中可以起到很好的引导和监管的作用，而网上教学则是一种让学生自己开展数学学习的主要途径。诸如移动电话、计算机、笔记本等多媒体设备，可以被学生频繁地运用。然而，对多媒体、网络的过度使用，以及不恰当的学习方法，也会给学生的身心带来负面的影响。要通过网络的教学资源和各类软件来接触和学习数学，就要求学生在知识的选择和时间的控制上，具有较强的自主管理能力。

（2）学生在课堂上要认真听讲，课外要做好功课。在以往的教学中，学生多通过做习题的方式来完成知识的积累。在课堂教学中，由于过度依赖教师的授课，忽略了运用信息技术在课堂教学中的重要性。在初中数学教学中，计算机辅助教学是一项十分重要的工作。所以，那些具备了相当程度信息技术素养的初中生，会将上课所学内容与课外的信息技术结合起来。

2. 增强学生的能动性和协作性，促进学生数学学习方式的变革

信息技术的引进不但使教师的讲授方式发生变化，也使学生的学习方式发生变化。在实现"课程与信息技术的深度融合"的教学中，教师不仅要对知识进行创新，还要对学生的实际操作能力和创造力进行激发，让他们在学习数学的同时，拥有独立探索的能力。

（1）在数学教学中，要以合作为主体，如师生协作、生生协作、信息技术协作等。数学教师和教科书已不再是学习数学的唯一资源，在信息化环境的支撑下，学生可以与多个方面进行交流，积极主动地解决数学问题。其中，将数学课程学习资源与其他方面结合，既可以通过丰富的资源开展线上学习，也可以通过与教师进行资源互动，达到更好的学习效果。

（2）在教学中，要积极地进行探究。探究式学习包括两个层面，即：对数学知识的探究式学习，对数学学习方式的探究式学习。在信息化的学习环境中，学生可以在教室之外接触到多种形式和内容的数学知识，从而拓展了他们的数学学习方式，扩大了他们的学习范围，让他们拥有了数学学习的主动权。他们能够通过不同的方式、不同的信息技术、不同的软件，在不同的空间里，对数学进行探究式学习，在解决数学问题的过程中，将信息技术与自己的数学学习相结合，提高数学学习的能力和探索创新的能力。

第五章　核心素养视域下的初中数学教与研的探索与实践

第一节　初中数学核心素养及教学的理论基础

一、数学素养的内涵与要素

数学素养是现代人类必须具备的一种素质，它是人的完整素质结构中的一个有机组成部分，数学素养教育是培养和促进人的数学文化素养的基本手段，提高学生的数学素养已经成为数学教学的一个重要目的，也是数学教学的核心。

（一）数学素养的内涵

关于"数学素养"的定义因时间的推移而异，而在时间的推移中，"数学素质"的定义也是千差万别；就算是同样的年代，不同的机构、不同的组织、不同的专家对于"数学素养"的定义也是不尽一致的。

早在20世纪80年代，科克罗夫特的研究成果就已经提出了"数学素养"这一概念，该概念包括两方面的含义：一是人们在日常生活中具备一定的应用数学技巧，并能满足人们在日常生活中对数学的需要；二是能够对包含着数字的内容进行准确的解读，比如看图、看表，具有一定数学性的人应当能够对某些用数字进行交流的方法有一定的了解。在此着重论述了数学素养的运用和数学认识的特点。再比如，一些学者提出"数学素养的生成是一个个体在已建立数学经验的基础上，对数学感悟、反思和体验的结果"，在此着重说明了数学素养对个体构建的特殊性。

也有学者提出，"以提升人才数学科学方面的素养为主要内容和目标的数学教育就是数学教育中的素质教育"。在数学和科学上的品质，通常被称为数学素养，这里体现了数学素养的普遍性。又比如，也有学者提出，"数学素养是一个广泛的、具有时代含义的概念，其中包含着逻辑思维、常规方法（符号系统）和数学应用三方面的基本含义"，在这里可以看出数学素养的动态特征。

在国际学生评估项目（PISA）中，对数学素养进行了这样的界定："数学素养是一种个人能力，学生能确定并理解数学在社会所起的作用，得出有充分根据的数学判断，并能够有效地运用数学。"它是一个有创造力、有爱心、有思考，以满足现在和将来生活所需的必要的数学技能。在此结合了个体构建数学素养的特点，以及对数学的运用和对数学的理解。还有其他的学者和数理教育团体，他们避免对数学素养进行正面界定，转而通过对具有数理素养的人进行表述，来对其进行间接诠释。因此，关于数学素养的含义，到现在为止还没有一个严格的、统一的定义。

数学素养是怎样构成的？从以上的讨论中我们可以发现，这应当是一种开放的架构，既在每一个时期都有普遍意义的基本内涵与需求，又有鲜明的时代特征。我们可以将"数学素养"界定为：学生在学习数学的过程中，对数学的认识不断深化，对数学的文化成果不断地内在化，最后，学生自身所具有的一种新的价值，或者说，学生自身所达到的一种新的境界，并能积极地将数学理论运用到生产和生活中去。这种界定既有现代课程理论的支持，又能体现出当前的教育发展方向。现代课程理论发展的一个重要特点是，在此基础上，进一步认识到，基础教育必须向广大民众提供必要的语言、知识和价值观，并给予每个人发展的可能。因此，数学这门课对于普通人来说，是很重要的。经典的课程理论认为，一个科目的设置，并不在于学生最后是否会选择该科目，而在于其对于无法成为该科目内行的人士，以及对于非专业人士或普通人士的影响。在现代课程理论中，学科由三个因素组成，分别是学科的基础理念体系、该体系所反映的思维方法、该思维方法背后的伦理道德观念，三者缺一不可，如果将其分割开来，就会破坏课程的内在一致性。本文中数学课程标准的设计思路，就是基于知识与能力、过程与方法、情感态度与价值观，三者相互渗透，相互结合。这就要求教师具备把数学知识变成智慧、把智慧变成能力、把能力变成道德品质的技能，同时要求教师有一套完整的数学体系。而数学素养正是符合这样一种需要。

总之，"数学素养"概念的提出，以及它的相关理论，都有助于我们从课程理论的角度对数学课程的价值与作用进行反思，并对我们的教学战略进行相应的调整。从长期来看，这将为新一轮的教学提供重要的理论支持。

（二）数学素养的构成要素

从信息社会对数学素养的需求特点、时代对人类的需要以及"受过教育的人"的特点、国家颁布的科学素养框架、数学课程标准以及国际上关于数学素养的研究框架来看，数学素养包括五个要素。

1. 数学知识素养

没有知识，就没有数学素养。数学知识素养就是数学的本体化，只有在学习和应用中才能形成。离开了数学，培养学生的数学素养就是"无源之水、无本之木"。只有以学生的数学知识素养为前提，其他的数学素养才能得到发展。这一观点得到了国内外学者的普遍认同。

2. 数学应用素养

重视知识的实践性，是每一门课程教学所追求的一种价值取向。就像夸美纽斯说的那样："所有被教导的东西，都应当被教导成可以被运用到实际生活中，并且可以被教导成有用的东西。那就是，学生应该知道，他们所学习的并不是来自什么乌托邦，或者来自什么柏拉图的思想，他们应该知道，对他们所学习的知识进行恰当的熟悉，对于他们的一生将会有很大的帮助。这样他们的力量和精度都会提高。""任何一个年轻人，只要完成了他的学业，就应该接受一种教育，一种数学，一种几何，这两种教育对我们的生活很有用，而且对我们的智力也很有用。"

总而言之，数学应用素养是一个人在实际情境运用数学知识和技巧来解决问题的能力，它最直接地反映出了一个人的数学素养的一个主要方面，而个人的其他几个方面则是在实际情境对数学的运用中得到了体现。

3. 数学思想方法素养

数学本身就是一种重要的思想方法，甚至数学知识就是一种重要的方法。

张奠宙是一位著名数学家，他把数学方法划分为三个层面：

第一是关于数学思维的基础与主要方式。这些方法包括：模型化、微积分、概率统计、拓扑学、计算学等。它们确定了一门主要的数学课程，并形成了一种基本的数学。

第二是对应普通的科学方法的数理方法。例如，类推联想法、综合分析法、归纳和演绎法等。

第三是数学方面的一些特殊的处理方式，例如等价性、数学表达、公理化、关系映射逆向、数字和图形的变换。知名数学家史宁中先生曾说过："到目前，数学的发展主要依靠三种观念——抽象、推理、模型，而抽象又是最为重要的。用抽象的方式，从真实的生活中获得数学的观念和操作规律，用逻辑推导出数学的发展过程，再用模型将数学与外界的关系连接起来。"从这一点来看，目前的数学教学更加欠缺了三个层面，而这三个层面恰恰是数学与实际生活密切相关的重要因素。

数学思想方法素养具体体现为：学习主体对数学中所包含的科学方法和数学所独有的方法的把握，以及它们在现实情境中的运用。在义务教育阶段，数学的思维方法包含了普遍的科学方法，它们是指在数学中所表现出来的，比如演绎、归纳、类比、比较、观察、实验、综合、分析等。此外，也存在着一些特殊的数学方式，例如化归法、数学模型等。

4. 数学思维素养

培养学生的思维能力已成为当今教育学界的共识。美国教育家贝斯特曾说过："真正的教育不过是培养智慧。"英国教育哲学家赫斯特认为，"教育的核心目标在于培养学生的基本思维方式"。杜威认为："学习是学习思考，在理性层面上，教育的使命在于培养清晰、仔细、透彻的思考习惯。"教育的一大价值就是引导学生进行思考，思考的意义就在于："思考的人，他的行动是由他的长期思考决定的。"它可以有系统地做好准备，可以引导我们为将来的目标而进行思考，也可以引导我们为目前似乎还很遥远的目标而采取行动。

思维模式可分为三大类：①不同民族具有不同的思维模式。例如，古希腊与古印度两国的数学家，他们对问题的关注与思考方式有着很大的不同。②宗教信仰不同，人们对事物的看法也不相同。③人们在学习不同学科、工作于不同领域时，往往也形成了自己独特的思维模式。

人们往往会从不同的视角、不同的思维框架来观察世界，从而形成不同的思维模式。尤其是，不同的专业将会产生不同的专业思维素养。

对人的思维素养的重视可以上溯至希腊时期。美籍匈牙利数学家波利亚在解决问题时，提出了"学着去解决问题"和"教着去思考"的观点。此处的"思考"包含了两种含义：其一，指"有目的地思考""创造性地思考"，也就是"接近解题"；其二，既包括"形式的"思维，又包括"非形式的"思维，即"教会学生证明问题，甚至也教他们猜想问题"。他还指出，所谓"教会思考"，就是指教师既要教授知识，又要培养他们的应用能力。张奠宙先生曾提出："以数学的观点、态度、方法，解决人类生活、经济管理、科学技术发展等方面的理论与实践问题，或许就是数学素质的基本内容之一。"

数学的思维素养，就是在实际情况中，从数学的视角去了解和掌握所面对的实际情况，并对其进行梳理，从而找到其中的规律。它还被称为数学化，即用数学方法来对实际情况进行组织的过程。应当注意到，数学的思维与数学思维是有区别的，通常人们都把数学思维看作与数学的行为有关，而数学的思维是一种在提出、分析、解决、应用和推广等一系列的工作中，来获取对数学对象空间形式、数量关系和结构方式的本质和规律的认知的过程。

5. 数学精神素养

（1）数学精神素养是数学素养的最高层次。雅斯贝尔斯认为："在进入知识的学习的进程之前，教育的进程就是一个心灵的发展进程。"即在数学教学中，培养学生的数学精神素养，是提高学生的数学素养的重要途径。

然而，在数学教学过程中，这一点却往往被人们所忽略。也就是说，在我们的数学教学过程中，对"数学精神"的教育与研究还没有得到足够的关注，很多数学教师都不知道什么是"数学精神"，更别说用数学精神来浇铸学生崇高的个性了。这使得许多学生在数学的研究上，能够解决问题，能够测验，但缺少理智的精神；"唯上，唯书，唯师"，但缺少了对真理的追求和创造力；他们有了目标，敢于去做，但他们并不懂得去思考和自省。以"工具理论"为导向的"形式化"数学教学，不仅不利于学生的全面发展，也不利于教师的职业发展。

德国应用数学家克莱因曾经说："从一般意义上来说，数学是人的思想，是人的思想。正是这一精神，激发、推动、鼓舞并驱动人类的思维，正是这一精神，对人类的物质、道德和社会生活具有决定意义，对人类的存在产生种种疑问，努力理解并控制自然界，努力探究并确立所获得的知识最深最完整的含义。"数学精神包括了广泛的科学精神、人文精神和数学所特有的精神。人们通常把近代以来，在科学发展的进程中所累积的独特的意识、理念、气质、品格、规范和传统，统称为科学精神。可以从各种角度对其进行各种定义。总体来说，科学总体上可以划分为四个层次：科学知识、科学思想、科学方法和科学精神，而科学精神在这四个层次中都有反映，它们反映着科学的哲理和人文内涵，是科学之魂。科学的思维方式、科学的方法以及科学的精神品格都蕴含着科学的精神。其特质主要表现为：普遍性、公正性、自我陶醉、原创性和有条不紊的猜疑。

科学精神的具体内涵主要体现在：①求知的思想；②确证的思想；③质疑和批判的思想；④创新的思想；⑤宽容的思想；⑥关怀的思想。人文精神是一种"以人为中心"的精神，其具体体现就是对人类生存意义的理解，对人的价值和尊严的理解，对人的全面和自由发展的要求。主要表现在："人的精神""人的意识""超越精神"和"人文价值"。"科学性"是指：严谨朴实，理性，自律，诚实，求真，勤奋，自强，开拓，创新，包容，谦虚。其实，科学精神和人文精神是密不可分的，二者相互促进。而人文精神存在于数学学科中，例如，有学者认为："数学精神是人民在数千年的数学探索实践中所创造的精神财富。"这一思想在数学历史、数学哲学和数学自身等方面都有着深厚的底蕴。准确地说，"数学精神"是指人类通过数学活动而产生的一种价值理念和行为准则。数学精神的内容非常丰富，包括了数学理性精神、数学求真精神、数学创新精神、数学合作与独立思考精神等。

（2）数学精神素养是数学特有的精神。日本数学家米山国藏认为，"在数学中所体现出的精神，包含了数学精神、数学的思维和方法。研究方法、推理方法和看问题的着眼点，能使学生们终身受益。其中数学精神概括了应用化的精神、扩张化和一般化的精神、组织化和系统化的精神、研究创新的精神、统一建设的精神、严密化的精神、思想的经济化精神"。

数学精神素养是在现实情境下，从数学的角度出发，体现出的求真、质疑、求美、求创造的特点。在现实生活中，科学精神并不是一种神秘的东西。只有在实际生活中，我们才能冷静而理性地思考和解决问题，才能体现出一种科学的思维方式。简而言之，就是以一种客观的、系统的方式来看待问题。

通过以上的论述，我们可以大致清楚数学素养各个层面的含义，而这五个方面的联系是：数学知识素养是数学素养的基础，为数学思维素养、数学思想方法素养、数学精神素养和数学应用素养提供了支持和基础，而数学思维、思想方法、精神和应用则促进了数学知识的深化和运用。整体而言，这五个数学素养共同助力学习者形成全面的数学素养，使其能够灵活运用数学知识和思维方法解决问题。

这一节的重点是对基于数学知识素养的扩展而产生的数学应用素养、数学思想方法素养、数学思维素养和数学精神素养进行了探讨。而数学应用素养与数学思想方法素养、数学思维素养和数学精神素养的联系，则是数学知识素养的其他层次。由于学生的数学素养，最后还是要由学生在现实情境中进行表达，而学生数学素养的其他层次也只能在学生的数学运用中得到体现。只有在主体对具有现实情境的问题进行解决的过程中，数学应用才可以对主体在不同层次上的数学素养进行评判。

二、数学核心素养与学科能力理论

(一) 数学核心素养的相关研究

为了深入开展素质教育，教育部在《关于全面深化课程改革落实立德树人根本任务的意见》中明确了"核心素养"这一理念，并在此基础上对其进行了深入研究。早在 2013 年 5 月，"我国基础教育和高等教育阶段学生核心素养总体框架研究"项目就开始启动，这是在北京师范大学的指导下，由华南师范大学、河南大学、山东师范大学、辽宁师范大学共同承担，正式开展的课题。

"核心素质"这一概念不仅在国内被提出来，在国际上也已成为一种潮流。"核心素养"的建构模式是在 21 世纪之交由经济合作与发展组织 (OECD) 首先提出来的。它所要解决的问题是：21 世纪所要培养的学生，应当拥有什么样的最核心的知识、能力与情感态度，才可以顺利地与未来社会相融合，才可以在满足个人自我实现需求的同时，促进社会的发展。各国和各区域都在进行着相似的探讨。中国台湾于 2005 年开展了"核心素养"的相关研究，并建立了专题研究计划——"界定与选择核心素养：概念参考架构与理论基础研究"（DeSeCo 计划）。

在谈到数学的核心素养时，马云鹏提出了这样一种观点："数学的核心素养就是一名学生在学习数学的过程中，所应该达到的一种全面的素养。在数学教学和学习的过程中，应该格外重视数学核心素养。"并将《义务教育数学课程标准（2011 年版）》（以下简称《标准》）中的十个关键词作为"十项"来理解。曹培英指出："学科核心素质大致上就是突出了一门学科的基本素质，具有独特的重要育人价值。"同时，他还认为，《标准》中的数学基础理念，具有独特而鲜明的学科教育意义，是可以教的，也是可以学的，是真正意义上的学科核心素养。

卜以楼先生对此提出了自己的看法："数学核心素养是一种思维和方式在数学中的具体表现形式。而积累数学素养，就是将知识转化为智力的一个过程。"他认为，数学核心素养与数学思想方法有着紧密的关系，它是数学思想方法作用的结果，也就是能"以数学眼光观察世界，以数学思维思考世界，以数学语言描述世界"。在相应学段的教育过程中，在此基础上，逐渐形成了一种能够满足个人终身发展和社会发展必需的品格与关键能力。因此，人们认为，数学核心素养就是数学学科中的必需品格与关键能力。我们可以看到，在对数学核心素养的界定上，各学者的观点不尽相同，但是他们都有一个相同的研究方向，即：数学在人类的生存和发展中的功能。

从这一点可以看出，不同学者对数学核心素养的理解并不统一，事实上，数学核心素养在某种程度上表现为某种数学学科能力。在本书中，笔者指出，在教学和学习的过程中，应该尤其重视核心素养。

其实，我们并不一定非要把"数学核心素养"这个概念搞得那么复杂。就像曹才翰、章建跃所言："核心素养是一个新的概念，它是在原有的教育观念的基础上，在传承中发展的，所以它并非一蹴而就。不要过于追求术语的意义，也不要过于纠结于学科素养与整体素养之间的关系，而是要在实际教学操作过程中加以实践，被证实能够取得效果的就是一种成熟的理论，在此基础上经过实际提炼出来的，才更具实效性。"

（二）数学核心素养的构成

从总体上讲，数学核心素养包含了九大因素，分别是：抽象能力、推理能力、模型观念、几何直观、运算能力、数据观念、空间观念、应用意识、创新意识。这九大因素形成了一个相互独立又相互渗透、相互融合的有机体。

1. 抽象能力

谈到数学，没有什么比抽象更能让人印象深刻了。数学抽象是舍弃物体的一切物理属性，通过对数量关系和空间形式的抽象，获得数学研究对象的素养。抽象包括两个层次：第一层次的抽象是从数与数的联系中提取出的数学观念及其相互联系。在具体事物中，概括了普遍的法则和构造，它既具体又直接，还有可以用自然语言表述的物质环境。第二层次的抽象就是用数字来表示，具有其他任何一门科学都不能与之相提并论的特点。

2. 推理能力

推理能力是从一个已知的事物或一个已知的命题出发，根据规律推导出另一个命题。在进行数学教学的过程中，对学生的逻辑推理素质进行培养，帮助他们发现并提出问题、举一反三，使他们对数学知识之间的关系有所了解，从而养成符合逻辑的思维习惯和交流技能。逻辑推理是数学科学的根本保障，它可以分为两种类型：第一种是从特定到普遍的推理；第二种是由一般性到特殊性的归纳推理。

3. 模型观念

数学建模是将现实中的问题当作数学抽象的对象，用数学语言来表达问题，用数学知识和方法来解决问题，建立数学模型，并进行实践验证的过程。

人们对数学模型的认识一般可分两类，即狭义与广义。在当代的数学理论与应用中，一般都是以狭义的方式来解释，即只是能够反映某一具体问题或某一具体对象的一种数学结构。在一般意义上，数学模型是由它们自身的现实原型而产生的一切数学概念和理论。数学模型化与数学抽象化是相互补充的。数学模型可以用于对数学和各类科学、社会实践中的实际问题进行求解，通过数学建模的方式，可以使学生的应用意识、数学语言运用能力和良好的直觉思维素质得到有效的提升。

4．几何直观

"直观想象"是一种重要的数学思考方式，它指的是通过几何的直觉和空间的想象来认识物体的形状和变化，并通过图解的方式来认识和解答问题。就像华罗庚说的："数缺形时少直观，形少数时难入微"，"图形"作为几何直观和空间想象的工具，与数学的抽象是互补的。

5．运算能力

一直以来，数学的教学都十分重视运算。数学操作就是在明确操作对象的前提下，再根据操作规则来完成对数学问题的处理。

数学运算是研究数学的基础。在进行教学活动的时候，有些教师会由于过分注重对思维和方法的教育，而忽略了对学生运算素质的培养，这就会对他们在数学方面的学习兴趣和成就产生不利影响，更严重的还会对他们终身的发展产生不利的影响。然而，如何提高学生的数学运算能力，又是帮助他们学好数学的根本，因而值得广大的数学教师关注。

6．数据观念

21世纪，人类社会步入了大数据的信息时代，海量的数据信息对我们的工作和生活产生了巨大的影响和冲击。数据分析的具体内容包括以下几个方面：数据收集、数据整理、信息提取、模型构建、推理判断和结论获取。数据分析是大数据时代中数学应用最重要的方式，它是以研究对象为目标来获得数据，运用统计方法来完成对数据的整理、分析和推导，进而培养出与研究对象相关的知识的素质。

要获得资料分析的相关知识，必须依靠统计学和概率的学习。自从1997年将概率与统计纳入课程内容之后，它的作用越来越重要，在学习过程中，可以养成用数据进行思维的好习惯，同时还可以提高用数据来表述实际问题能力，从而在复杂的环境中，探究事情的实质，并掌握事情之间的联系和规律。

7. 空间观念

空间观念指的是学生对于空间的认识、理解和应用能力。它包括对空间关系的感知、描述和处理的能力，以及对几何形状、图形、位置和方向等的理解。

空间观念在数学学习中起着重要的作用。通过培养空间观念，学生能够更好地理解和应用数学知识，例如几何证明、图形变换、立体几何等内容。具备空间观念的学生能够感知和描述物体的位置、形状和空间关系。他们能够理解和应用坐标系、方向概念，能够进行图形的旋转、平移和镜像变换，能够建立几何模型，解决几何问题。

8. 应用意识

应用意识指学生能够将数学知识与实际生活和工作场景相结合，并能够灵活运用数学知识解决实际问题的意识和能力。

应用意识在数学学习中具有重要的意义。它强调数学知识的实际运用价值，培养学生将所学的数学知识应用于日常生活、社会问题和科学研究中的能力。通过培养学生的应用意识，可以更好地激发学生学习数学的兴趣和动力，提高他们的数学解决问题能力。

具备应用意识的学生能够自觉地将数学知识运用到实际生活中，从而更好地理解和应用数学概念、方法和技巧。他们能够将抽象的数学概念和问题与实际情境联系起来，分析和解决实际问题，为实际生活中的决策提供数学支持。

应用意识还帮助学生培养数学建模能力。学生能够根据实际问题的需求，收集数据、分析问题、建立数学模型，并对模型进行求解和解释。通过实际问题的解决过程，学生能够不断提升自己的应用意识和数学能力。

9. 创新意识

创新意识是指学生具备探究、探索和创造的意识和能力。这种意识能够帮助学生发现和解决问题，以及应对不同的挑战和变化。

在数学学习中，创新意识是非常重要的。学生需要具备从不同角度考虑问题的能力，并探索新的解题方法和思路。这种创新意识能够让学生的思维更加灵活和开阔，并促进他们对数学知识的理解和应用。

具备创新意识的学生一般思维活跃，善于提出问题、解决问题和创新。他们会不断挑战自己，寻找新的解题思路，从而提高数学学习的效率和成果。这种创新意识不仅能够帮助学生在学习中取得更好的成绩，还能让他们更好地适应未来社会的快速变化和挑战。

（三）数学核心素养的教育价值

数学核心素养是对数学的学科特性的一种反映，是对数学的本质和基本的数学观念的一种表现，它基于数学的知识技巧，却高于特定的知识技巧。数学核心素养是一种综合素养，是一种全面发展的素养。

1. 促进国家教育改革进程

在全国课程教学改革进程中，构建数学核心素养体系是一项非常有价值的工作，将课程目标、学科内容、课堂教材统一到了对学生数学核心素养的培养上，为课程教学评估提供了明确的基础，有利于推动课程改革的不断深入。

2. 体现数学教学的总体目标

为达到"人人都能接受优质的数学教学，每个人都能在数学中获得差异化的发展"这一目的，数学核心素养要求数学教学由过去单纯的知识型教学转变为全新的素质型教学，并在"四基（即基础知识、基本技能、基本思想、基本活动和经验）"的教学中运用核心素养，努力适应时代的发展，适应学生的个体发展需求，从而推动每个学生的全面发展。

3. 促进教师专业发展

在教学中，教师以学生为中心，自上而下贯彻国家教育政策，把数学核心素养的培养应用到学生身上，拓展和深化自己的专业知识，提升自己的专业能力，最后达到自己的专业目标。在学科中体现数学核心素养，使教育理念趋于具体化、结构化和简单化，便于教师将自己的所学运用到教学中，提升教师的综合素质，促进教师的专业化发展。

4. 促进学生全面发展

作为教学活动的主体，学生也是教学的对象，数学核心素养是数学课程目标的最佳体现，其要求学生既要精通某一学科的基础知识和基础技能，又要具有与当前及未来社会发展相关的必备素质和关键能力。走出学校，走向社会，能够将所学到的数学知识和技巧运用起来，形成一种对事物进行观察的数学能力，对事物进行分析的数学思维，用一种数学语言进行表达，实现"推动学生全面发展"这一数学教学的终极目标。

（四）学科能力理论解读

1. 数学学科能力分析

数学能力的发展对于人的认识发展具有十分重大的意义，因此，对其进行深入的探讨一直是国内外教育界关注的热点。苏联心理学家克鲁捷茨基曾在

《中小学生数学能力心理学》一书中提出："数学素质包括以下九个要素：对数学素材进行归纳，并从表面上找出相似性；将数学内容转化为正规的形式，运用关系、连接等构造方法进行操作的技能；能够运用数或其他记号进行计算；对事物进行持续、有节律的逻辑思维的技能；运用简洁的思想架构进行思想活动的技能；使人的思想发生反向变化，使人的思想从一种积极的思想序列转变为相反的思想序列；思想敏捷，具有从一种思想计算到下一种思想计算的转换能力；具有良好的数学记忆力；掌握了对空间的理解。"这九个要素分为记忆、推理和形式化三个部分，既包含了特殊的数学能力，也包含了一般能力。

国际大型测试 TIMSS（the Trends in International Mathematics and Science Study，即国际数学与科学学习趋势项目）的数学能力测试框架是一个二维框架，包括内容维度和认知维度。其中，内容维度确定了考试要涵盖的特定领域，而认知维度是确定了应试者在回答问题时需要具有的一些基础品质，并且通过认识程度来对能力程度进行定义，能力程度包含了理解（Knowing）、应用（Applying）和推理（Reasoning）三个层面，每个层面又可以再被划分成许多小层面。

PISA 2012 数学素质模型有四个框架：①情境维度，即问题情境，指 15 岁的学生所面临的各类问题，包括个人生活的、职业的、社会性的、科学性的四种情境。②学科领域（维度），包含：时空和影像，变异和联系，量化和不确定度。③关于"程序"，本课程中包含 3 项"程序"，7 项"基础"。它的技巧具体包括了：沟通，数学化，表述，推理，论证，制定问题的解决战略，使用符号的、形式的、技术的语言和操作，以及使用数学的工具。④对知识的认知程度。

PISA 课程能力评估模型采用课程能力体现课程目标，并以课程内容范围、课程知识需求、课程表现程度与描述、课程问题情境等对课程能力进行刻画。通过对职业技术能力评估系统的阐述，为本书的编写提供了一定的理论依据。

2. 学科能力理论框架

基于学习、应用和创新的数学学科能力，是一种能够顺利地进行学科知识学习的行为，应用数学知识方法解决实际问题的活动，运用学科知识去解决新出现的和不明确的问题，并挖掘出新的知识点和新的措施的创造性行为。以数学自身的专业特点、学生应掌握的教学内容、学生学习的头脑活动特点等为基础，对数学学习解析能力、数学知识运用能力和数学创新能力的概念进行了解释。

（1）数学学习解析能力。分析的数学能力可以从多个方面来界定。有学者提出，"数学解析"是一种动态性的研究，它是一种对"数学"结构构成的认识，是一种不断进行的活动，以及一种以"数学"为核心，以"数理"为核心的"数理分析"。对一个数学知识的表达，就是要让学习者对学习对象的图解和公式有更深的了解，了解到知识要点的程序性，不但要构建出一个生成式系统，还要构建出一个双向生成式系统。在此基础上，笔者提出了一种新的数学推理方法。一些专家对数学感知进行了界定，即"学生在认识到数学知识并进行了实践之后，在心理上形成了新知识的表征，在大脑中不断更新和完善知识网络，并可以将其随机提取出来，用于解决现实问题的思维活动过程"。还有一些学者提出了"数学解析"的概念，即"从上到下"和"层次"。参照上述，可以看出，数学学习的分析包含了以下几个方面：第一，能够完整地、随机地、流畅地、正确地提取出数学的内容；第二，可以用多种形式概括和表达数学知识，并且可以自由地在多种形式中转换和取舍；第三，可以在各个知识点间建立起一个宽而深的链接；第四，在数学知识的学习中，要擅长运用数理逻辑。

（2）数学知识运用能力。数学知识的运用能力也存在着广度和深度上的差异，数学知识的运用能力可以这样来界定：第一，是可以在不同的情形下，将现实问题反馈的信息与有关的知识结合起来，利用数学的定律、原理，进行数学计算并绘制出相应的图表，从而将有关的工作进行下去；第二，是能将实际问题、反馈信息点和有关的知识与实际状况相联系，运用数学的知识来进行问题的求解。

（3）数学创新能力。学生的数学创新能力主要体现在以下几个方面：第一，学生对新的数学思想方法有较强的反应，能够创造性地把握并运用这些新思想；第二，能够模拟情境，积极推理，合情推理；第三，在实际应用中，通过比较、分析和评论各种方法，形成了鲜明的个性特征；第四，运用所学到的各种理论与技术，去探究各个学科的内在关联，去发掘自己所不知道的东西。

三、初中数学教学核心理念探究

数学课程具有明显的时代特征，因而每个时代的数学课程均有其相应的核心理念。

（一）初中数学教学的基本理念

1. 数学课程的主要性质

在义务教育阶段，数学课程应该将基础性、普及性和拓展性凸显出来，让数学教学以全体学生为对象，让每个人都能学习有价值的数学，让每个人都能获得必要的数学，让每个人都能在数学上得到差异化的发展。

义务教育阶段的数学教学是以全体学生为对象的，所以它的主要特征是：①基础性，为将来的学习、就业和生活奠定了基础；②普及性，适应不同地区不同程度的学生的需要；③拓展性，对学生的全面发展起到促进作用。

每个人都学习有价值的数学。在义务教育阶段，学生接触、了解并掌握数学知识及方法，在今后的社会中，根据自己的个性发展，启发自己的思考，发展自己的智力。学生的实际经验和过去的经验及"有价值的数学"是密切相关的，从而吸引学生的注意力，激发学生的学习兴趣。素质教育给"有价值的数学"带来了更加广阔的内涵，使学生的个性变得更加坚强，形成一种积极的价值观，从而培养了学生的科学精神、求实态度、创新合作意识、自信心及责任感。可以说，宝贵的数学知识不仅对学生的学业有很大的帮助，而且对他们将来的就业也有很大的帮助。

每个人都有必要的数学知识。学生可以用必要的数学知识来解决自己将来的生活所需面对的问题，这就是数学以生活实际为基础的根本起点，而那些与学生的心理及智力水平、数学科学发展方向不相匹配的知识，则不属于获得的范围。要掌握数学语言交流、讨论及读写等方面的技能，要对数学的方法和基本思想有一定的认识，要具有能够及时发现和解决数学问题的能力和意识，要认识到数学的价值和数学在社会中的作用及文化中的地位，要加强自己对数学能力的自信。

实际上，"每个人都能获得必要的数学"可以通过各种方式来达到。在这些方式之中，最基础也最高效的方式就是，在学生所熟悉的生活情境中，发现、掌握和运用数学。在一个过程中，我们可以体验到周围世界与数学之间的联系，在社会生活中，我们可以感受到数学的功能和意义，并且可以领悟到数学与个人成长之间的关系。

每个人的数学水平都不一样。学生们在日常生活中，都拥有着一定的生活经验和丰富的知识经验，即不同的学生对于问题的思考和解决方法都会有很大的差异，因此，这门课的内容非常宽泛，既有供学生思考、探究和动手操作的题材，还包括了一些现代的教学题材，让学生们接触、了解和研究一些他们自己感兴趣的数学问题，以此来满足学生们的数学需求，将他们的潜力发掘出来。在此基础上，针对个别同学的需求，对其给予充分的发展空间。

2．数学学习和数学教学的过程

（1）数学学习过程。

我们不能把学生的学习目标仅仅看作获取知识和掌握技能，也不能把学生的学习过程看成一个完全的接受过程。

第一，数学教学的出发点与落脚点均来自学生所熟知的现实生活，数学的教学内容应以学生所熟知的现实生活为出发点，依循着人的数学探索的轨道，由实际生活问题向数学问题转变，由具体问题向抽象问题转变，由特定的联系向普遍的规律转变，由此促进学生对数学的认识，并获得新的认识。按照上述发展路径，数学课程便可加强教材中的数学与生活中的数学之间的联系，为学生提供理解和喜爱数学的机会，实现数学与生活的和谐统一。

第二，在研究数学时，应该同时注重成果和过程两个方面。在教学过程中，除了教授已有的数学概念、定理、定律、公式等外，还有两个重要的环节：①将问题转化为数学化的形式。把题目中的数学要素加以象征性地表示出来，把现实生活中的问题变成数学问题。②抽象是对概念中的抽象概念进行研究，并将其纳入一个数学的范围中去。在处理数学模式时，应该从符号入手，尝试建立不同的数学模式，并将其运用到更为完美、合理的数学观念架构中。经过这种活动，学生可以获得提出数学问题的方法、形成数学概念的方法以及应该怎样应用数学结论，并以此来了解更多的数学学习方法。

第三，研究的过程应该是动态的。虽然在课堂上认真听讲、进行课堂练习、完成课后作业，这些都是学生在数学学习中所经历的，但仅仅这样还远远不够。要积极倡导丰富学生的数学学习方法，提高他们动手实践、自主探索与合作交流的能力，并且，数学学习活动要成为一个活泼的、主动的、充满个性的过程。数学的学习是一种富有活力的活动，它的表现方式已经不再是一种单一的方式，它正在朝着多元化的方向发展。在教学的过程中，应当为学生们留下足够的时间和空间，让学生们可以投入不同的文化之间的交流之中，并在这个过程中展开自己的独立探究，进而澄清自己的观点，分享自己的观点，深化自己对数学问题的认识，最后，学生们可以熟练地掌握一些数学技巧、方法和知识。

（2）数学教学过程。

第一，在数学教学中，要立足于学生的生活体验，既要顾及他们的学习心理，又要顾及他们的内在特性，还要保证在学生已经有的知识基础和认知水平上，创造出数学教学活动。以学生终身学习的意愿为出发点，根据他们的心理发展规律和年龄特征，选择内容要多，涵盖范围要广泛，这样才能让他们愿意接触有价值的教育素材。比如，在具体的教学实例中，应该选择一些大家都熟悉的东西，并且要以贴近生活、贴近实际为主，这样才能让学生有更多的学习动力。也就是说，所提问题必须是时代性和开放性的，要能够引起学生的兴趣。

第二，使学生产生兴趣，产生求知欲。而这种数学教学要以学生的生活经历和已有的知识经历为基础，以直觉的、易于引发联想的问题为出发点，将数学背景融入他们所熟知的事物和特定的情境中，并将其与他们所知道或所学到的数学知识相关联，尤其是与他们在日常生活中所积累的常识性知识和他们所拥有的不太严格的数学活动经验相关联。

就学生的智力活动而言，数学学习本质上可以视为一种思维活动。由于数学内容自身所具备的抽象化特点，因此，在数学教学中，学生的数学教学成果与学生的数学思维水平之间存在着显著的关联性，甚至是依赖性。在此基础上，根据学生的实际情况进行数学教学。一方面，因为初中生正在经历由具体运算阶段到形式运算阶段的发展，所以他们虽然能够进行逻辑推理，但还只是能够操纵具体的物体或形象，而不能够在脑子里将形式与内容分离开来，使得他们的思维超越了所感受到的具体物体或形象，进行抽象的逻辑推理和命题运算。例如：几何学的证明必须建立在图解的基础上，不然很难深入；代数学的操作要有恰当的数值、背景，不然就难以了解其意义；为了使人们更好地了解到事情的发展趋势，所采用的概率模式以及对事情的预测也必须依赖于特定的实例。另外，如果要从学生的数学学习去提高他们的思维能力，因此，在设计和开展教学活动时，也要着眼于"思维的发展"。比如，在发展学生空间概念的教学环节中，最初的活动环节可以是"先动手操作，再借助想象"，而在学习的后期，则可以是"先借助想象，再操作验证"，从而让学生的空间想象能力的发展有一个实质性的飞跃。

第三，重新定位教师角色。在数学学习中，教师扮演着组织、引导和协作的角色，在此过程中，教师已从单纯的传授者变成了促进学生发展的推动者。下面是角色的特点分析：①组织者，组织发现、寻找和收集学习资源，并组织学生进行有意义的数学学习活动，创造有技巧的课堂学习气氛等。②导向性，教师在某种意义上为学生提供了指导，并促使他们去探索已有的知识和经历，进而指导他们的学习，这样才能使教学资源的效用最大化。③建立平等、民主、和谐的教师与学生之间的联系，创造一种包容、理解、信任的气氛，以调动学生的积极性。对所学的数学课题进行调查，并对学生进行适当的指导。转换教师的角色，由过去的教师教学生变成师生间的互相学习，成为一个良好的共同体。在这个过程中，教师起到了很大的作用，比如，采用一种启发式的教学方式，营造一种能够激发学生进行探究的氛围，为学生构建一个充满问题的环境，将自己所掌握的知识和学生所思考的问题相结合。对于不同的答案，可在深化理解的同时，鼓励学生进行一系列的讨论，与同学分享自己的思想及成果，并检讨自身的看法。对教师来说，要把学生放在第一位，要能够很好地捕捉到他们的思想，然后让他们注意到一些关键的问题，并提出一些有意义的沟通实例。在这种思想指导下，数学教学活动就不再是一个单向的"知识传递的过程"，而变成了一个通过多向互动（生生之间、师生之间）来"创造与应用"数学的过程，数学课堂也不再只是一个"传递数学的地方"，而变成了一个"交流数学的地方"。

（二）初中数学教学内容的核心理念

关于课程内容一共有六个核心理念，分别是数感、符号感、空间观念、统计观念、应用意识和推理能力。就初中数学教学而言，仅就后五个核心概念进行阐述。

1. 符号感

"抽象性"是一种典型的数学现象，它表现为"用一种完整的、抽象的、有意义的符号系统进行表述"。无论是概念、定理（包括证明过程）、法则、公式，还是在解决问题的过程中，在进行表示、计算、推理、交流等活动时，都会经常地运用到数学符号。比如，在代数中，用字母来代表数，用代数式、公式、方程、函数等来代表事物之间的关系和变化规律，用关系式、图像、表格的手段来表示数学对象，并对符号进行运算。

符号感是指能够从特定的情境中提取出定量的联系及变动的规则，并以象征的方式表达出来；能够了解各种符号所表示的定量关系及变动规则；能够在不同的符号之间进行变换；能够选用合适的步骤及方式来求解以记号表达出来的问题。要培养学生的符号感，让他们了解符号的含义，并能运用它们来处理数理及数理之外的问题。

在特定的学习活动中，可以将问题情境中所隐藏的数学关系或规律等内容进行发掘，然后利用合适的数学符号或数学模型，例如用代数式、方程（组）、不等式（组）、函数等进行表达。相反，可以用适当的实际情境（问题）和变化过程来匹配已有的数学符号或数学模型。

2. 空间观念

要培养学生的空间观念，需要根据实体的形状来对几何图形进行想象，之后，再根据几何图形来想象出实体的形状，这样就可以完成几何体与三视图、展开图之间的转换，并对几何图形或实体的运动及变化进行说明，还可以对物体之间的位置关系做出恰当的说明，进行直观的思考等。实际上，一个具有极大的想象力和创造力的探索过程，就是一个人通过直观思考来完成从平面空间到三维空间的转化。

在初中的教学内容方面，有关空间概念方面的体现具体有以下几个方面：可以将比较复杂的图形进行拆分，可以对实体或几何图形的移动和变化进行描述，可以使用合适的方法来对物体之间的位置关系进行说明，还可以利用直观对象进行思考、推理，等等。

在这一过程中，学生对基础数字的认知和对数字的逻辑思维能力的提升是其重要的研究内容。例如，在理解从平面空间到三维空间的相互联系时，通过各要素间的空间关系来说明事物间的相互联系；描述一个数字的移动，并且知道什么东西（本质）在移动中被改变。例如，在学习多面体的移动过程中，利用几何学和代数的方法来表示边长、角度、面积等有无改变；了解用代数表示几何物体的位置。例如，在学习直角坐标系统时，明确坐标的含义，建立合适的坐标系统来处理现实中的问题或者数学中的问题。

3. 统计观念

在初中数学教学中，统计思想应该得到足够的重视。①在未来的学习和生活中，不同类型的数据将不可避免地出现在人们面前。例如，去商场买东西，要对这家店的声誉做出判断；当你离开家时，要知道未来的天气情况；在工作的时候，要考虑到出行的路线和车辆；在看一场比赛时，想要猜测你所支持的球队获胜的可能性。②研究统计知识和方法，不能仅仅停留在统计数据和图表上。实际上，能够用统计学的观点去思考与数据相关的问题，能够在收集数据、描述数据、分析数据的过程中，做出理性的决定，能够对数据的来源、数据的收集和描述的方法、数据所得出的结论提出合理的疑问等，都是统计概念的一部分。有关培养学生统计概念的教学，包括的活动类型比较广泛，更多地围绕着让学生经历统计活动的全过程进行。比如：计算一条主干道上的车流，从而设定一个更高效的变换信号灯的计划。针对这些问题，在教学中要指导学生去设计一个统计指标，即"统计什么"；制订资料搜集计划——资料搜集何时展开、以何种方式搜集等；找出资料表述的方法，并从中提取出有用的资讯；确定所需的统计数据，并进行实际的计算；对所得到的数据进行分析，得出一些合理的结论，并提出一些建议。

4．应用意识

新课标最令人印象深刻的就是它的应用意识。随着计算机与现代信息技术的快速发展，应用数学也在不断地发展，数学已经深入人们生活中的各个方面。

新课标尤其注重对学生应用意识的培养。具体地说，应用意识包括三个层面：

第一，让学生了解生活中所包含的丰富的数学知识，以及在实际生活中所能运用到的各种领域。这说明，有了应用意识，就可以用数学的眼光去观察周围的事物，去发现它们当中存在的数学。

第二，学生能够从数学的观点出发，利用所学到的知识与方法，积极地寻找问题的解法。其实，在许多实际生活的现象和问题中，往往都隐藏着数学的规律，而具有应用意识的人，能够最大限度地发掘出现象（问题）中所隐藏的数学规律，利用数学理论和方法来对现象进行解释，从而得到解决问题的方法。

第三，在新的数学知识面前，学生能够积极地寻找其实用的背景，并发掘其实用的价值。初中数学基本都可以在生活中发现其生成的现实背景。在此，学生具备应用意识，是指他们在面对一个数学对象的时候，可以积极地去寻找满足其条件的实际背景，还可以利用背景来对该数学对象的内涵和应用情境进行解释。比如，在面对一个二元一次方程或一个二次一次方程组时，可以积极地找到满足其特殊需求的事例，并利用事例的区别来说明二者的不同之处。

5．推理能力

在日常生活中，我们经常要对各种事情做出评判。由于事物之间存在着各种联系，所以，上面所说的判断，就是建立在这些联系的基础上，根据某些事实（原则），或者是正确的判断，进行推断，从而得出其他的判断，而这些判断中所包含的"推导"关系，就是推理的过程。

推理通常分为两种，一种是演绎推理，另一种是合情推理。演绎推理是人们较为熟知的一种，是从一定的前提开始，通过逻辑的方法得出结论。在演绎推理中，必然包含着结论。合情推理是一种从现有知识、经验中得出可能结果的推理，以归纳、类推为主。在合情推理中，前提和结论是不存在的。

在我们所熟悉的传统教学模式下，培养学生的逻辑思维能力，以培养学生逻辑推理能力为主要目的。培养学生的推理能力，不仅要培养他们的逻辑思维，还要培养他们的合情思维。能够运用观察、实验、归纳、类比等方法，得出数学猜想，并进一步寻找证据，给出证明，或提出反例；能够将自己的思维过程清晰而有条理地表述出来，使自己说得头头是道，写得条条在理；能够运用数学语言和逻辑思考问题。

由上段所述可知，推理能力包含了能够通过观察、实验、归纳、类比等活动来获取数学猜想的能力，这个过程本质上是一个通过合情推理而有所发现的过程。除此之外，一个完整的推理过程还需要在以上合情推理的基础上，展开必要的演绎论证，并进一步寻求证据、给出证明或举出反例，能够清晰、有条理地表达自己的思维过程，做到言之有理、落笔有据。这种需要实质上就是在逻辑推理中运用演绎法的能力。而在与别人沟通的时候，能使用数学语言，合理地展开讨论和提问，这就需要学生利用数学来进行合情合理的沟通。在此，更多的是要求学生可以通过数学的语言（符号）来表达一个现象、一种认识和一种思考，以及对采用这样的方式所表达的对象的认识和理解。

第二节　核心素养视域下的初中数学探究式教学

一、探究式教学的内涵阐释

在教学中运用探究的历史可以上溯至希腊哲学家苏格拉底提出的问答式教学方法，而最早把问答式这一概念引进教育领域的，则是美国著名的教育家杜威。美国教育家施瓦布于1961年首次提出探究式教学法，认为科学知识不应该被当作真理来传授，而应该被当作有证据的结论来传授。教师应该采用探究的方法进行教学，而学生也应该在探究的过程中进行学习，即在自身的经验中，学会科学的理念和原则。从古代开始，我们就有了探究性教学的观念，比如春秋时代的荀卿，他提倡学以致用，并提出了闻、见、知和行的教学要件；《礼记·中庸》中的"博学""审问""慎思""明辨""笃行"等，也是"探究性教学"的具体表现。探索是教育的生命，在课堂上，教师要以探索为导向，以激发学生的好奇心。我们的教学对象是初中学生，他们的逻辑推理思维能力、分析综合能力都在不断提高，他们勇于追求新事物，创新思维和发散思维的心理趋向更加突出，而探索式教学恰恰符合了学生的这一心理特点。

（一）探究式教学的内涵

探究式教学，也叫"做中学""发现法""研究法"，它是指学生在学习概念或原理时，教师只是给学生事例或问题，让学生通过阅读、观察、实验、思考、讨论、听讲，去探索、发现、掌握相关的理论和结果的一种教学方式。其宗旨是：在教师的指引下，学生是学习的主体，自觉地主动探索，学习知识与解决问题的途径与步骤，对客观事物的特性进行分析，找出发展的原因与内在的关系，找到规律，形成概念，构建自己的认知模式与学习方式框架。可以看出，探究性学习有利于增强学生的主体性和主动性。探究性学习的实质就是在课堂上，将学生的主体性进行最大限度地发挥，让他们能够更好地融入从未知到已知的学习中，并在这个学习的过程中，让他们的各项能力都可以获得更好的发展。

探究式教学的基本特点就是，它并没有组成教学目标的相关概念和认知策略，而是由教师来营造一种智慧和社会交往的情境，让学生在进行探索性研究的过程中，找到对进行探索性研究有益的科学内容要素和认知策略。让学生自己来制订获取知识的计划，这样可以让课程的内容具有更强的内部关联，让课程更易于理解，同时，教师还可以利用教学任务，激发学生的内在动力，让他们的认知策略自然而然地得到发展。与此同时，在此过程中，学生也意识到了自己的能力和知识是可以变化的，因此，将学习视为一个发展的过程，需要在已有的学习方式上进行完善。

（二）探究式教学的目标

探究性教学既强调获取知识，又强调获取知识的过程，更强调学生自主学习的重要性。开展探究式教学可以达到如下的教学目标。

（1）在教学设计上，教师既要让学生获得科学成果，又要让学生感受科学家的发明与创造。在解决问题的过程中，学生可以从问题的解答过程中感受到学习和创新的快乐，从而促进了由"要我学"到"我要学"的转变，使内在的动机变成了对新知识和新问题的探究。在多种形式的探究中，学生可以将学习归结为一种探究的方法，并养成主动探究的态度。它不仅能提高学生的学习兴趣，还能激发他们对知识的好奇心。

（2）注重过程，使学生的思考过程得到充分展现，对思考过程的重视胜过思考成果。在对问题进行分析时，必须做出假设，假设产生的时间很短，通常由两种思维方式共同决定：一种是直觉，一种是逻辑。直觉的思考常常比逻辑的思考更重要。在提出了假设以后，要想对这个假设进行检验，就必须具备一定的能力，并掌握收集数据的方法，才可以对这个假设的正确性进行有效的检验。要想让这个假设被接受，除了要展开逻辑性的推理，还要展开批判性的思考，进而对学生的批判性思维能力进行培养。而在解题过程中，只要能及时地发现问题，就能有效地提高学生的提问能力。鼓励学生有创意地解决问题，这种方式能够培养学生多角度、多方位，将发散与集中有机结合，进行综合思考的习惯，进而培养出以发散性思维为主要特点的创造性思维能力。

（三）探究式教学的特点

可以说，实施探究式教学，就是要为学生创造一个进行探究学习的环境，让他们积极地参与获取知识的过程，从而培养他们的探究能力，让他们养成探索未知世界的科学精神和科学态度。探究式教学相对于传统的非探究式教学而言，有如下特征。

1. 以培养科学素养为目的

"探究式教学"的基本目标不在于使几个学生成为"科学尖子"，而在于使全体学生成为具有科学素质的公民。科学素质是指对进行个人决策，参与公共事务和文化事务，从事经济生产所必需的科学观念和科学过程。科学素质也包含了某些具体类别的能力。具体来说，它包括科学知识、科学方法、科学态度和科学精神。探究式教学，就是要让学生在学习科学的过程中，用能动的方式，学会科学的知识、科学的方法，培养出科学的态度、科学的精神。在这样的教学中，教师不只是做做样子，而是要让学生自己动脑子。在教学中，要求学生对学习的过程进行描述、提问、解决问题、制订计划、参加分组讨论等。

2. 既重视结果，又重视知识的获得过程

科学素质的提高，不仅要通过机械的记忆来获取，更要通过主动的探索来实现。因此，探究式教学十分注重学生获取知识的全过程，将对学生的学习方式以及进行科学探索的培养摆在了十分突出的地位。当然，探究式教学并非贬低知识，更重要的是在学生掌握知识和完成工作的同时，培养科学思维和方法技能，培养科学精神。换言之，探究式教学强调掌握调查、观察、实验等科学研究的方法和技巧，虽然依赖于学科教学或必修课程来进行，但不是以往那种简单的传授知识的教育。在探究式学习中，尽管学生需要掌握一定的知识或技巧，但更重要的是要对所学习的知识进行选择，进行批判，进行解释，并加以应用，进而形成一些新的发现和创新。

3. 重视应用

探究式教学的另一个重要特点是"学以致用"。探究式教学强调"获取与运用"，而非"量"的掌握。美国的教育心理学家加涅曾把学习划分为8个层次，其中最后3个层次是概念学习、规则学习和问题解决学习。加涅将探究式教学划分为 3 个层面，其中以问题解答层面最为突出。这就是探究式教学的目标，即：通过探究式教学，提高探究式教学的效果。虽然探究式教学具有"发现"的特征，但是就探究的内容而言，它的着力点在于问题的求解，所要求解的问题往往具有具体的和实用的意义。因为解答问题的方法是多种多样的，而且答案并非只有一种，或者完全没有最优的答案，所以，在解答问题的过程中，学生可以体会到科学的临时性和发展性。从应用的根本特征来看，探究式教学也具有综合特征。这就是指在学习过程中，所遇到的问题具有复杂性和综合性，要求在学习过程中综合运用多种学科的知识。

4．重视全体参与

探究式教学是一种倡导所有人主动参与的学习方式，是一种区别于只针对少数几个天赋好的学生的学习方式。探究式教学不但注重结果，还注重过程，这就需要每一个学生都能够主动地参加到探究的各种活动中，从而提升自己的创新意识和创新能力。在进行探究式教学时，可以依据学生目前的探究能力以及他们的人格特征，制订适当的探究活动方案，以达到他们的个体学习目的。"全员参与"的另外一个含义就是"集体参与"，它的组织方式是将自主学习和合作学习相结合，而在这两种方式中，小组合作学习起到了非常关键的作用。因为探究式教学是以问题的解答为中心展开的，而问题通常都是综合性的、复杂的，所以，在这一过程中，学生必须借助自己团队的力量，并在团队中展开合作。合作不仅是一种教学手段，同时也是一种教学目标。在进行合作学习和探究的过程中，学生们能够相互借鉴，相互促进，进而提升他们探究学习的效果。

（四）探究式教学的原则

根据探究式教学的特点，在实施过程中应遵循以下几个基本原则。

1．情境化原则

探究式教学通常都是以发现问题为起点，教师要根据学生的年龄特点和心理特征，以及他们的认知特点，以课程内容为中心，设置一系列阶梯型的问题，创造一个思考情境，将学生的思想引导到与之密切相关的领域，让他们在惊奇和好奇心的驱使下，去发现和解决问题。在教学过程中，教师要充分调动学生对问题的探索热情，并充分发挥学生对问题的解释力。

2．差异性原则

在课堂教学过程中，学生的独特性是一个客观存在的事实，不同的学生具有不同的成就感、学习能力倾向、学习方式、兴趣爱好及生活经验。在探究的过程中，应鼓励和倡导多元的解题策略，并充分认识到不同程度的解题策略。充分调动学生们的积极性，鼓励学生们自己动手，指导学生们在与别人沟通时如何选择适当的策略。与此同时，还应该以特定的年龄特征为基础，对学生的探究能力进行分级培养，教师应运用多层次的评估手段，对不同的学生进行正确的指导促进。

3. 主体性原则

要以发展学生的主体性为核心来组织教学，在教学方法上，要以激发学生进行自主探究、自主学习为主要内容，让学生积极地参加各种活动，亲自体会到知识的生成和发展，使学生在学习中真正地发挥自己的作用。在教学过程中，应充分尊重学生的主体性，充分发挥他们的主体性，重视他们自身的发展，重视他们之间的相互启发。这在强调学生学习主体性的同时，也对教师提出了更高的要求。在课堂教学中，教师应该是课堂教学中的设计者、引导者和组织者。教师们要尽力找到教学目标与教学内容之间最好的结合点，对学生的思维模式和解决问题的思维习惯进行教学，把各种各样的间接经验转换成学生在生活环境中的直接经验，让学生可以把自己的直接经验同他们所学到的知识相结合，并在这个基础上做出创造性的贡献。

4. 开放性原则

通过自学、讨论、辩论等方式进行教学，并尽可能地设计并提出开放的问题，使学生能够充分地思考，发挥自己的想象力，表达自己的观点。要组织学生进行广泛的调查，收集信息，要尊重每个人的不同，要有自己的创意，要给学生提供一个自由的、广阔的空间，让他们自由地表达自己的观点。

5. 主动性原则

发展的主体是发出积极行为的学生，而学习是在学生的积极活动中进行的，学生的学习依赖于自己所做的事情，而不依赖于教师所教的内容。在学习过程中，学生们的主动性体现在：他们会积极地构造新的知识，会积极地参加交流和讨论，并且还会持续地对自己的学习展开反思，从而对学习方法进行改善。在进行教学设计的时候，要将"四基"和"四能"的教学目标作为重点，应该以所有的学生为对象，要对个体之间的差异给予足够的重视，要一直坚持让每个学生都可以获得成功的信念，让每个学生的潜力得到最大限度的挖掘，让不同层次的学生的发展需求得到满足，让整个教学过程能够更好地符合他们个人发展的需要。

二、初中数学探究式教学的原则与步骤

在初中数学课堂上，对学生进行探究式教学是一种有效的方法。具体来说，就是在教师的启发和引导之下，学生们观察和分析一些数学现象，根据这些现象，向教师们提出一些有价值的问题。然后，他们还会对所提的问题展开一些观测和试验，通过归纳、类比、猜想等合理的方式来获得一些关于数学方面的结论，再通过演绎推理的方式来证实这些结论，最终，他们还会交换探索成果以及交流问题解决的思考过程。

（一）初中数学探究式教学的原则

要进行初中数学探究式教学，一定要遵守教育学的基本教学原则，比如：科学性与思想性统一原则、理论与实际相结合原则、启发性原则、发展性原则、循序渐进原则、巩固性原则、直观性原则、因材施教原则等。另外，在开展初中数学探究式教学时，应根据学科和学生的特点，遵循下列几个具体的基本原则。

1. 价值性原则

价值性原则是一种在提升学生对数学知识的理解能力、创新思维能力和数学素质方面，都有很大作用的原则。研究结果显示，并非全部的初中数学教材都适用于探究式教学。如果要在初中数学教学中获得理想的结果，那么在进行探索的时候，一定要对所教授的内容进行思考，看看它是否具有探索的价值，或是它的适用性如何。此外，要考查探索素材能否帮助学生加深对数学的认识，提升他们的数学素质，培育他们的创造力和运用能力，选择的探索素材必须具有基础性、普及性、发展性、多样性、递进性，具有一定的难度，并在进行探索的条件下，使它们的效果最大化。

2. "最近发展区"原则

"最近发展区"原则，就是教师为学生提供的研究对象和问题，要具有一定的困难，但是这些困难都要在他们的"最近发展区"之内，这样才能让他们"一跃而起，摘到果实"。在初中数学探究式教学中，探究对象具有一定的难度，但难度具有一定的程度和局限性。探究并不只是对已有知识进行简单的应用，它还可以让学生"思维跳跃"，利用自己已有知识、与探究内容有关的知识，展开有创意的组织并运用，从而达到探究式教学的目的。苏联教育心理

学者维果茨基在20世纪30年代首次引入了"最近发展区"这一理论，开创性地阐明了教学、学习和发展三者的辩证联系。因此，要想提高学生的综合素质，就必须以较短时间内的发展为目标。所谓发展，就是将近期的发展区变成目前的发展区。唯有那些能够引起学生思考的研究项目，才是最适宜他们发展的、对培养他们的创造力有益的。在实施探究式教学时，教师选择的探索素材和问题应该与学生的"最近发展区"理论相一致。

3．过程性原则

过程性原则指的是，在初中数学探究式教学中，不仅要将学生的学习成果看得比以往更加重要，更要看重学生的探究过程，以及他们在探究过程中产生的感受和体验。探究式教学尤其强调学生的学习是一个过程，它把重点放在了知识的创造过程上，把对学生科学素质的培养放在了第一位；它把重点放在了学生的探索过程上，把探索的兴趣和学生的发展放在了第一位，并把重点放在了学生的情感上。如果学生所提的问题是暂时难以解决的，甚至是古怪的，我们应该给予他们鼓励，而不应该冷嘲热讽、责备。而且，如果没有一个多样化的、丰富的学习过程，就无法培养出学生的多元能力，也无法培养出他们的创新思维。新课标主张在课堂上尽量鼓励学生提出问题，使他们能够充分展现自己的思维过程。在数学学习中，既要注重结果，又要注重过程。

4．激励性原则

在进行教学的时候，既要注意到教师对学生的传递和学生对教师的反馈，又要注意到教师和学生之间的感情交流，因此，在探究式教学中，情感教育起到了至关重要的作用。如果将认识和情绪有机地融合在一起，就可以使学生对探究式教学产生浓厚的兴趣。教育心理学相信，在教师的鼓励教学方法下，学生可以对外界的合适的正刺激形成内在的动力，让他们保持一种活跃的、能动的积极状态，进而激发他们的学习动力。加强人与人之间的交互作用，推动构建学生的主体结构，使他们在获得知识、提升能力的过程中，深刻地感受到成功的喜悦，这就是激励性原则。

5．主体性原则

探究式教学应体现"教师为主导，学生为主体"的原则，这也是新课程理念的基本原则，符合新课标"以人为本"的精神。以学生为"本"，为学生创造一个广阔的发展天地，使学生真正掌握知识，学会学习。在教学过程中，探究、讨论、交流、反思等活动都是自我的活动，需要学生自己去进行。在课堂教学中，教师起着策划、指导、协调和点拨的作用。在课堂上，要重视学生的自我发展，而非放任自流，要对其进行适当的调控。在课堂教学中，学生的主体作用不仅体现在时间和空间上，最重要的是体现在思维上。

6. 合作性原则

随着现代科技的飞速发展，社会对合作型人才的需求越来越迫切，因此，在培养合作型人才时，既要重视对学生自身的培养，又要重视与他们的合作。在未来的研究中，联合国教科文组织将"学会合作"列为一个重要的研究课题。我们要加强对学生们合作精神的训练。在初中数学的探究式教学中，可以用合作的方式来进行，让学生们组成一个小组，在整个学习的过程中，他们可以相互帮助，也可以进行合作交流。只有这样，才能更好地促进初中数学教学中协作技能的培养与发展。在进行课堂教学的时候，教师可以让学生与同桌或者邻座同学展开交流，让每一位学生都可以充分地利用自己的优点，用相互启发和相互帮助的方法来解决有关的问题。充分发挥学生思维互补的特点，让他们发表自己的看法，拓宽自己的思路，让他们可以对有关的概念和结论有更多的认识和把握。针对学习困难学生的反馈，要对其进行适时的评价，并积极地引导学生进行反思总结。不能一味增加题目的难度，也要针对基础比较薄弱的学生，进行一些强化训练。例如数学不好的学生，就应该让他们多做训练，这样才能让他们的数学水平越来越高。

7. 递进性原则

递进性原则是说，在初中数学探究式教学中，要遵循数学的逻辑系统和学生认知发展的规律，由浅到深，由易到难。学生的知识发展是一个循序渐进的过程，在进行数学探究的时候，一定要按照数学知识的逻辑结构顺序，按照学生认知能力的发展顺序，一步一步地完成知识的掌握、技能的形成、思维方法的领悟、能力的提升。在大多数情况下，初中数学的教材都不会按照知识的形成和发展的先后次序来安排，而教师则是课程的实施人员，他们需要考察一些探索内容的历史发展进程和逻辑体系结构，并与学生的认识特点相联系，选择合适的、合理的方式来实施。在进行教学设计的时候，要对研究内容的递进程度进行适当的设定，这不仅要防止没有递进的过程就试图大跨步向前的趋势，也要避免因为递进的梯度过小而导致对已学到的知识进行低层次的重复。

简而言之，在初中数学的探究式教学中，创造一个多样化的、动态的、开放的课堂环境，让学生能够积极地进行学习，这对激发、挖掘和开发他们的潜力起到了很大的帮助作用。探究式教学强调的是师生之间的公平，教师对学生思想上的约束会减弱，这与初中生自我意识的心理特点相一致，它给学生带来了一个具有开放性的发展空间，这对于促进学生兴趣、动机、情感、意志、性格等非智力要素的健康发展是有益的，进而促进学生的自主和全面发展。

（二）初中数学探究式教学的步骤

1. 创设情境，提出问题

问题情境的建立是探究式教学中最重要的环节，它的实现与否直接关系到整个探究式教学的效果与质量。数学与问题是密切相关的，问题能激发学生积极思考，并对其进行探究。所以，教师在教学中要创设一个好的问题情境，可以从以下几个角度来实施：首先，要让数学问题活起来。通过问题联系实际，帮助学生理解和分析问题。其次，提出的问题要有一定的水平。要在学生的"最近发展区"之内，也就是说，数学问题不能过于容易，如果过于容易，就会缺乏挑战性，但是也不能过于困难，如果过于困难，就会对学生的学习兴趣产生不利的影响，这是一种经过自己的努力就可以解决的问题。最后，选出一些具有代表性和趣味性的数学问题，让学生在课堂上举一反三，以达到更好的效果。通过对数学问题的探究，寻找答案，促进了数学研究的发展。而生成数学问题情境的源泉是多种多样的。

（1）从现实生活中导入问题情境。

从总体上讲，数学来自生活，为生活服务。这样，在教学过程中，我们应根据实际情况，让学生感受到数学的存在，降低"抽象""无用"等误解，使学生能够大胆地去解决这些问题，在教学的一开始就能激起他们的求知欲。

在引入问题情境之后，教师可以让学生列出自己身边曾经出现过的与此相似的情境，这样就可以对学生举一反三的能力进行培养，提升他们对问题的理解和掌握能力，并扩展他们的思维。

（2）从学生已有的数学经验出发进行问题情境创设。

从已有的数学经验出发，其实就是将已有的知识迁移转化为新的知识。在一个人的一生中，其记忆是有限度的，并且随着他的成长，记忆也会渐渐淡忘。我们每一次学到新知识，都要先复习一下。通过这种方式，促进了学生知识的垂直转移，使新旧知识进行有效的整合，达到举一反三、触类旁通的目的。

学生对数学知识的认识是由浅到深、由小到大的，这就要求教师在进行教学设计时，要根据学生已有的数学知识水平，基于最近发展区的原则，选择合适的教学内容和教学方式，使他们在自己已有的认知发展水平和知识经验的基础上，花费一些时间，就可以回答出问题，从而不仅可以巩固已有的知识，还可以学习新的知识，使他们在自己的努力中，感受到一种成功的快乐。从学生已有的数学经验入手，在对比新旧知识的基础上，让学生能更快地吸收新的知识，并建立起一个新的知识架构，从而让他们对所学习到的知识有一个全面的认识。

（3）从趣味中创设问题情境。

在数学教学过程中，可以通过多种方法让教学过程充满乐趣，比如：通过歌曲、数学史、寓言故事、名人逸事、数学活动和游戏等来创设数学问题的情境，从而让学生产生强烈的好奇心和对学习数学的兴趣。此外，在让他们学会数学知识的过程中，还可以让他们受到数学文化的影响，将人文教育融入初中数学课堂之中，这也与新课标的要求相一致，是培养德智体美劳全面发展的人才的必然要求。

（4）从习题中的问题出发创设问题情境。

在学会了一种新的知识之后，教师们会通过练习题、作业或试卷等，对学生的学习状况展开测试和评估，从而对学生对该领域的理解和掌握程度做出评判。在掌握新的知识之后，学生并不一定可以很好地利用他们所学到的东西来解决问题，在这个过程中，教师可以大部分学生会遇到的共性问题为依据来创造一个问题的情境，并指导他们一起去解决这个问题，最终，教师们会对这些问题和它们的解决方式展开归纳和总结。

一般而言，情境引入有多种方式，根据不同的要求，引入方式也不尽相同，教师可以根据课本中的事例进行引入，但也要根据课本中的内容，灵活运用课本中的知识，在遵守课本原则的基础上，根据学生的具体情况进行适当的调整，做到因材施教。情境的引入可以使用多媒体，从而提高教学中的活动性和形象性，也可以让学生通过自己动手发现问题来进行引入，还可以直接通过板书提出问题进行引入。总的来说，要针对问题做出详细的分析，根据教学的具体内容和教学模式，选择合适的引入方法，在一些情形下还可以采用多种引入方式。不论采用何种方式，只要能激发学生的求知欲，使他们主动参与到探索中来，就是一种有效的教学方式。

2. 自主思考，合作探究

探究的意义至少可以分成两个方面，一个是探，一个是究。探究，就是要明确问题，明确方向，明确任务，明确步骤。就课题而言，它主要分为：概念课、命题课、复习课、习题课、讲评课和活动课。其中，数学活动课又分为单纯数学活动课、信息技术活动课、数学简史活动课、知识窗口活动课等。在选用探究式教学方式时，要根据知识的类型来确定，有些知识的探究点不多，也不是很困难，就不必为其设置过多的探究期。而对于难度较高的内容，则可以设置更长的探究周期。

（1）类比探究。

类比探究更直观，更符合学生智能发展的特点，从简单到复杂，因为学生以前都学过相似的知识，因此，在这一点上，他们更易于进行相似的类比和迁移。

（2）归纳和推演探究。

归纳是指通过考察典型的一个或若干个事物，从而总结出普遍规律的一种思考方式。而推演却与此相反，它从普遍的原则出发，推论出一个或若干个客体。归纳法是一种概率推理方法，它不可能涵盖全部的对象，即不可能实现完整的归纳，所以得出的结果并不一定是可信的，这就要求对其进行测试和验证。在这个探索的过程中，学生可以找到其中所蕴含的一些普遍规律或结论，但是为了要对这些规律或结论进行判定，就必须对这些规律或结论展开检验，然后再对这些结果进行总结和归纳。归纳与推演相结合，有利于培养学生的观察、发现、归纳、总结的意识与能力。

在研究的过程中，并非一切探究都可以按既定的程序进行，往往会出现一些突发事件，从而引起许多教学问题，若不能迅速地处理好，将会影响教学的效率，影响教学的正常运转。因此，必须有教师的适时介入，并给予正确的引导。对于探究成功且结论正确的团队，要适时给予嘉奖；在探究过程中，对发现问题而不能解答的小组，要给予适当的指导与鼓励。另外，也可以开设几个升级型的研究小组，让最先完成的小组可以不断地探究，不断地进步。让学生亲身体会到数学的产生与发展，唤醒他们原有的认识与经验，使他们成为真正的"数学人"。而这些，都是要经过讨论、合作、共同探究的。

综上所述，讨论、合作、共同探究要求学生在探究过程中明确问题、任务等，并对问题、任务等展开自己的思考，充分利用自己的聪明才智。教师在充分尊重学生的独立个性的前提下，以小组交流与合作等方式进行丰富多样的教学活动，并对学生进行指导。要做到这一点，就必须把课堂上的各个环节都安排得井井有条，充分发挥其应有的作用。给学生们营造一个集民主、平等与和谐等要素于一身的学习氛围，让学习活动变得更加充实，让学习活动变成构建数学文化课堂的强大武器。在这种教学模式下，既能提高学生的知识积累，构建知识框架，又能启发学生的思维，培养学生的学习和创新能力。

3．练习巩固，演绎提升

一模一样的事物，如何能够改变？在学生回答这样的问题时，可以变换一个情境例如增加或删除一些条件，看似是一道简单的应用题，学生能否在似是而非、似曾相识的情境中，来解答一个新的问题，这就要运用已有知识和经验去探索新知，但还有很大的探究意义是习题讲评或试卷讲评，是以知识转化为基础的一种探究。同样，对教师的命题能力要求也会比较高，这需要教师对课本中的知识点、概念有一个非常清楚的了解，并且对新课标有一个非常清楚的了解，考试内容是什么，要考到什么水平，如何考，都要掌握好。

根据不同角度、不同层次、不同情形、不同背景的变式，训练有三种类型。第一种，由上而下的变化：这是最浅、最简单的一种，就是在水平上的一种改变，只是改变了问题的形式和类型。第二种，由深而浅的变化，这种变化是将前后的知识联系在一起，进行综合应用，一般需要学生对先前所学的东西有很好的理解，并且能够将其融会贯通，运用自如。第三种，更深层次的变化：这种变化不但与之前所学的内容有关，还与未学到的内容有关，当学生遇到这种变化时，会"似懂非懂"，但又会对新的内容产生浓厚的兴趣，从而为他们接下来的课程设置"圈套"，奠定基础。根据不同的知识点，本节将变式划分为形式变化、方法变化和内容变化。

4. 评价反思，应用迁移

评价与反思包括教学设计的重新整理与完善（所采用的教学方式、数学思想等）、教学过程出现问题的思考与改进、教学评价等。比如，我们应当提倡培养学生对事情的理解和分析能力，这就需要教师在进行教学设计时，考虑到学生的认知基础和认知方式，从而逐步进行。因此，教师应加强培训，使学生能够更好地适应教师的教学要求。

根据评价对象的不同，教师评价又可以分为教师自我评价、学生自我评价、师生与生生的相互评价。其中，教师自我评价是提高自己的教学水平和质量的重要途径，与其终身发展息息相关。

在教学过程中，教师对学生的教学质量进行了评估，并提出了三个方面的目标：知识与技能目标、过程与方法目标和情感态度与价值观目标。第一个是学习的目标。比如，考核学生能否完全掌握多边形的内角和的知识点，就可以向他们提出问题让他们去回答，如果他们回答正确，就表明他们已经完全掌握了该知识；考核学生对标尺的绘制能力，如果学生能够画出一条边线，那么就说明他已经掌握了该技巧；当一个学生能够将有理数的乘方和加减乘除结合起来，那么他就拥有了这种运算能力。第二个是过程和方法论的目标。比如，在学习三角形这一章节时，学生的参与过程是怎样的，教师可以提问学生三角形的分类有哪些？是怎么划分的？如果学生能够将三角形按边、角进行划分，说明学生已经掌握了三角形分类的方法。将三角形的边、内角、外角进行划分，是三角形的一种划分方式，它能够判定学生的思维方式、数形结合的方法。第三个是情感态度和价值取向的目标，当课程进行时，调动学生的情绪，使他们主动地参与到课程中，改变他们的学习心态，使他们对于数学的认知和看法有所变化，从而产生自信。在新一轮课程改革中，学生对课程内容的重视程度最高。因此，评价体系应该要以这三个方面为基础，对考试的结果，比如期末考试或学业水平考试，也就是第一目标；对过程，比如平时的表现，也就是第二目标；对长期的发展，比如培养良好的数学素养和数学思维，也就是第三目标。

三、核心素养视域下的初中数学探究式教学策略

在核心素养的背景下，要想真正建立起一个高效的初中数学课堂，教师需要以培养学生的数学核心素养能力为中心，对他们的学习特征以及他们的学习需求进行充分尊重，让他们的学习自主性得到充分发挥，为他们提供一个可以进行自主学习和探究的学习氛围。教师要让学生在探究过程中掌握方法，学习知识，并在实践过程中，将所学知识灵活地运用到问题中，从而提高学生的数学综合素质。

（一）精心设计教学导入，调动学生学习兴趣

有了好的开始，就等于成功了一半。要想让数学课堂的教学效果得到提升，就必须让教师做好课堂导入工作，用一种充满趣味性和启发性的方法来激发学生的学习积极性。比如说，在使用三角形全等测距离的教学过程中，要与学生对探险活动的兴趣点相联系，教师可以在课堂开始之前，通过多媒体手段，向他们展示与密室探险相关的、具有较强视觉冲击力的视频或图片，并向他们解释本节课的内容与探险活动之间的关系，从而激发他们的学习兴趣。然后，给学生看一张在测出距离后方能进行探险的教学图片，指出距离的测量要依靠数学的方法，这就是要学习的利用三角形全等来测出距离。这样导入的方法，可以迅速引起学生的关注，激发他们进行探究式学习的热情。

（二）重视背景介绍，形成概念、规律

在数学中，每个概念的出现、每个规律的表述，都有着深厚的学问底蕴和特定的历史渊源，在进行教学时，教师不可能抛弃那些常识和规律，将一系列的概念和规律丢给学生，那样只会让学生迷惑，从而丧失对学生进行归纳总结

的绝佳时机。探究式教学旨在把"概念""规律"等知识的生成过程交还给学生，培养他们的数学抽象性。

例如，在对公式进行观念教学时，一般都是先对公式下一个定义，再用公式来判断哪个是方程。探究式教学是通过给出几个式子，让学生通过观察，找到它们之间的共性，例如，一部分式子是等式，一部分式子是代数式，而等式中有一部分包含了未知数，我们就把这些包含未知数的等式称为公式。又例如，在平面几何中，有关两条平行直线之间的距离这一概念的教学，在传统的教学方法中，首先要让两条平行直线之间的平行线段相等，然后才能直接给出两条平行直线的距离的概念。探究式教学方法是：首先要求学生对以往所学的关于距离的观念进行复习，比如两点之间的距离、点到直线的距离等，让学生对这些距离的特征进行分析，找出最小的特征，再对两条平行直线上的两点进行分析，从而得出两者之间的距离最小的结论。若是有限长度，又有何特点？最后可发现，最小的一条线，就是这两条线的长度。基于这一点，我们可以很自然地得出两条平行直线之间的距离。通过这种方法，不但可以锻炼学生们的归纳技巧，还可以使他们获得一些新的数学知识，从而对"距离"的性质有了更深层次的理解。又例如，在讲解函数的时候，我们可以从"函数"这一概念入手，让学生了解一下它的由来。16—17 世纪，欧洲从封建制度转向资本主义制度，极大地解放了人们的劳动，从而促进了数学的发展，并提出了"变量"与"函数"的概念，使数学的研究从"常量"阶段转入"变量"阶段。"函数"这个术语在中国首次使用，是清朝数学家李善兰与英国传教士伟烈亚力共同翻译的《代微积拾级》中把"function"翻译为"函数"，并且提出了"凡此变数中含彼变数，则此为彼之函数"的定义。也就是说，一个式子中含有两个变量 x 与 y，如 $y = ax + b$，则 y 是 x 的函数。通过这种导论的方式，让学生们对数学和社会发展之间的联系有了更深的了解，同时也增强了学生们对数学的兴趣。

（三）精心设计教学环节，挖掘学生数学潜质

新的教学内容是否能够被学生快速地理解和吸收，需要教师通过设计各种教学环节来逐步激发学生的思维，并进行初步了解、自主探究、课堂随练及课后巩固等的整个学习过程。在每一个步骤的设置和执行过程中，教师都要注意对学生的多个领域的能力进行训练，从而为他们的数学潜能的充分开发打下一个很好的基础。比如，在研究轴对称的性质章节的教学中，教师可以采取小组合作学习的方式，并要求各小组围绕轴对称性质及其在我们日常生活中的应用

进行合作学习。这两个探究内容，是在包括了该章节课程教学的全部知识的基础上，进行了一次生活扩展，需要各小组成员之间有清晰的分工，充分利用自己的特长，进行有效的学习。在对轴对称特性进行归纳的时候，学生可以通过画图来帮助和加强对其的理解，在进行独立思考和探索的过程中，他们可以顺利地完成课堂上的教学任务，这样既可以将学生的数学潜能发挥到极致，又可以提升课堂上的教学效率。

（四）精心设计教学环节，总结拓展知识点

在数学课堂中，教师将对学生进行有效的评价和深刻的反思。与此同时，在进行总结的过程中，教师们要将重点放在对学生的数学核心素养进行最大限度的优化上，扩展所教授的知识，将每一个知识点都进行扩展，从而提高学生对课程内容理解的深度和广度。比如，在探究轴对称的性质的教学总结过程中，为了让学生更深入、更清晰地认识到轴对称的性质在现实生活中的应用，教师引用了在建筑施工中，可以利用轴对称来确定超市、幼儿园及停车场的最佳建设位置，从而拓宽了学生对知识点的认知范围。

（五）精心设计教学评价，优化学生数学思维

在教师的教学过程中，教师要对学生进行有效的评价，并对学生进行深入的反思。基于课堂教学的时间是有限的，要想使课堂评价功能充分地发挥出来，教师要对课堂评价的方法进行创新，将注意力集中在多个角度的课堂评价上，从而对学生的数学思维进行最大限度的优化。比如，在对探究勾股定理一课进行教学评价时，在以前的小组合作学习基础上，教师可以要求每个小组内部进行评价，以提升评价的效果。小组成员在学习习惯、学习方法、思维风格等方面相互评价。基于这一点，教师可以对学生进行全面的评价，让他们清楚地认识到自己在学习过程中的优点和缺点，从而让他们的数学思维得以最佳化，真正地改善他们的数学探究课堂。

（六）精心设计课后作业，巩固强化教学内容

课外作业是一种延伸教学内容、巩固和运用知识的行之有效的方法。在设计课后作业的过程中，教师要将对课程知识的吸收和记忆作为最终目的，并且要通过练习中的思考来对学生的数学思维以及他们的自主探索精神进行优化，从而提升课堂的教学效果。比如，在关于勾股定理的实际运用的课程中，教师可以着重对学生所学的知识进行运用能力的训练，同时也要有好的发散性思

维。教师可以鼓励学生在学校环境以及家庭环境中认真地观察、思考，看看哪些地方可以体现出对勾股定律的应用，并且可以利用此定律来有效地解决哪些生活中的问题，等等。在实践探索结束之后，教师可以让学生对自己所观察到的、感悟到的情况，制定一项总结性作业，这样可以更好地让课后作业起到巩固教学内容、提高学生数学思维能力、提高学生实践应用能力的作用。

（七）注重回顾反思，提炼数学思想

在探究式教学中，要对学生的学习进行全面的展现，并对学生的思想进行提炼和概括。数学理念往往隐藏于特定的数学知识和数学方法之中，具有很强的概括性。数学思想不但对学生系统地掌握、运用数学知识和方法来解决问题有着重要的指导意义，还有助于学生形成正确的数学观。探究式教学是在对已学过的知识进行回顾和反思的过程中，对所使用的方法进行概括和提炼，挖掘出隐藏在里面的数学理念，并用这些理念来对数学教学的实际工作进行指导。例如，在对方程和方程组求解过程的回顾和反思中，提炼出了同为"化归"的"降次""换元"和"转化"等概念。比如，通过对函数、函数图像知识的回顾和反思，得出了数学虽然是以真实世界的数量关系与空间形式为研究对象，但数与形之间是相互联系的，并且可以相互转换。将定量问题转换成图类的定性问题，或将图类的定性问题转换成定量问题，是解决问题的一个主要思路，它体现了"数形结合"的思路和方法。

探究式教学与传统的授课模式有着显著的区别，它需要教师将科学视为一种过程，而不是将其视为一种成果的知识体系，在进行研究的时候，既要注重结果，也要注重知识的获得，在某些情况下，对过程的关注更多超过对结果的关注。学生开展探究性学习，将完全沉浸在研究之中，从而实现知识、情感、意志和行为的高度统一。为了实现学生的完全参与，教师在课堂上要把学生放在第一位，让学生对观察、提问、分类、测量、实验、推理、解释、预测等活动产生兴趣。

总结来说，要想在核心素养的指导下，推进初中数学探究式课堂的建设，教师们必须将生本教育思想融入数学的基本理论之中，不断地革新课堂的教学方式，在每一个教学过程中都要调动起学生的学习热情和自主性，使他们具有较强的数学思维能力以及较强的应用能力，并具有较强的创造性和探索性。在这样的教育方式下，教师们才能够在初中数学课堂上进行大量的实践，从而提升学生的数学核心素养，推动初中数学探究式课堂的建设。

第三节　核心素养视域下的初中数学情境教学

一、情境、情境教学、数学情境与数学情境教学

《辞海》认为"情境是指一个人在进行某种行动时所处的社会环境，是人们社会行为产生的具体条件"。在教学中，"情境"是一种具有特殊含义的气氛或环境，情境教学是一种特殊的教学活动。因为特定的研究对象的差异，情境的含义也不尽相同，但可以确定的是，情境指的是人从事社会活动时所处的社会环境、场景和条件。

钟启泉指出："情境教学就是通过创造一些由现实生活中发生的事情或问题构成的情境，让学生通过探索和实践，或者通过问题的解决，来实现对知识的自我认识和自我构建。"就其实质而言，情境教学是由"情"和"境"构成的。以"情"激发学习兴趣，激发学习情感，激发学习情绪，激发学习体验等，从而达到学习的目的；借助"境"，根据学生的现实情况，构建适合于授课的学习情境。

夏小刚和汪秉彝都相信，"数学情境"指的是包含了有关的数学知识和思维方式的环境，也就是形成数学知识的环境，这种环境既可以激励学生去提问，又可以在提问和解答问题的过程中，带来一些必要的资讯和基础。

数学情境教学是以数学课程为基础的，它具有数学课程的基本特点，包括数学知识、思想方法和数学知识产生的背景。与其他学科（如语文、英语、物理等）的情境教学既相似，又不同。在进行课堂教育的时候，要注重创造适当的课堂环境，激发学生的情绪，促使他们积极地提出问题，让他们体验到数学知识的产生过程，体验到数学知识的实质。

二、初中数学课堂情境设计的原则与类型

（一）初中数学课堂情境设计的原则

在初中数学教学中，情境的设计应以学生的年龄层次为依据，以学生的认知水平为依据。在进行课堂情境设计的过程中，由于存在着主体认知的差异，教师往往会遭遇到一些让人难以理解的问题。那么，针对初中阶段的学生，教

师在进行课堂情境设计时，应该遵循一定的基本原则。

1. 以课程目标为原则

不管课堂情境如何丰富，教学内容如何新奇，其设计都必须以达到教学目标为基本原则，离开教学目标的数学教学，就是"去数学化"的数学教学。这种课程设置不能更好地服务于教学目标、发挥其应有的作用。教师在课程设计上投入了大量的精力，但实际的效果并不明显；如果不能使学生的思维得到发展，也不能使他们的知识得到提高，那么，他们的教学就失去了意义。因此，在数学教学中，要根据具体的教学目标来进行情境设计。

2. 以学生认知体验为原则

教师在设计数学课堂情境时，常常会根据个人的认知水平来创建问题的发生、发展和解决的途径，而忽略了学生的基本认知，没有预料到他们在问题的形成发展中对问题的理解和解决。这样一种情境式教育方式，学生难以理解和接受，参与度较低。在进行教学情境的设置时，如果将生活情境引入课堂中，那么就一定要选择学生亲身体验过的，或者是在现实生活中能够让学生体验到的，只有这样，才能让学生感觉到，数学与生活有着密切的联系，生活中的很多领域都可以和数学联系在一起，从而能够激励学生思考，提高他们的合作能力。趣味性课堂要让学生感受到一个有意思的教学情境，才能让他们感受到自己的趣味点，并不是所有的教学内容都能引起他们的兴趣，这就需要教师对每个内容进行足够的分析和理解，从而在问题上与他们产生观点性的"共享"。

3. 以课堂效果为原则

教师的数学课堂效果评价直接关系到这种教学模式是否能够长期应用。因此，设计数学课堂教学情境的另一个原理就是可以评价课堂的成效。这样的评价可能只限于学生，也可能包括师生共同的。它可以采用考卷的形式，对学生的学习结果进行评价，评价学生的学习结果与学习目的的实现程度；还可以采用问卷的方式，让学生对数学课进行评价和反馈，来判断教师所设计的数学课堂情境与期望的教学进度是否相符。在一套完整的教学过程中，教师可以对自己在情境设计中存在的缺陷进行全面的认识，进而对情境设计进行改进与完善。

将情境教学应用到初中数学的课堂上，对活跃课堂氛围、提升学生的学习积极性、激发他们的学习兴趣、推动他们对知识的迁移和巩固起到了积极作用。但是，在实际运用中，又必须遵循适度的原则，这就需要对教师的教学技巧、课堂控制等方面有较高的要求。

（二）初中数学教学课堂情境设计的类型

基于以上的基本原则，针对不同的教学目标，笔者觉得，可以把初中数学课堂教学情境设计划分成如下三种形式，在一节课中，可以采用一种或两种形式来适应不同的教学需要。

1. 情感性课堂情境设计

情感性课堂情境设计的根本目的是增强学生对教师的信任，使他们愿意并能积极地配合教师的教育教学工作，在学习中从被动转为主动。因为，数学不仅仅是一门学科，更重要的是，在学习数学的过程中，可以让学生感受到进行科学研究和探索的乐趣，感受到数学的美，发现数学的奥秘。要想让学生体会教师的心情，与教师在教育中产生同理心，就要让教师清楚了解学生的基础知识水平，从情感上换位思考，找到引发学生思考的突破口。只要教师完全信任，他们就会认真对待这门课。

在情感性的课堂教学中，如何找到情感片段，使教师和学生之间关系和谐、融洽是实施情感教育的一个重要环节。激发情感的方法可能是言语上的鼓励，或者是与自己感兴趣的东西产生共鸣。特别是作为一门学科的领路人，教师更具有学科专长上的优势，能够利用学科特性来吸引和激发学生的自我学习。这就要求教师要在日常生活和教学中善于观察、了解学生的生活，并尽可能以学生所熟悉的情感体验为出发点，因为情感共鸣体验对教师的影响较大。同时，初中生在学习过程中，既有积极的学习态度，也有消极的学习态度。怎样"扬主动""避被动"，培养积极的学习心态，这是目前教学改革亟须研究的一个重要课题。在教学过程中，怎样才能更好地布置好情绪性课程，在进行情绪性课堂情境的设计时，教师必须具备一定的心理基础，这是一种知其然且知其所以然的必要前提。

2. 生活化课堂情境设计

这种情境的设置，其根本目的在于让学生能熟练地运用所学知识去解答问题。这与传统的教学目标相同，但教学方法以及学习效果大不相同。以教授数学知识为主要目的的生活化课堂情境设计，注重将教学中的知识点生活化，将所学的知识与现实生活联系起来，调动学生进行研究和探索的积极性，使他们在生活中体验到数学问题的存在，并逐一解决，使他们在体验生活片段的同时，唤醒他们对知识的记忆，将知识化为他们的生活体验，将知识化为一种生活技巧，并将其应用于生活中。同时，通过生活化的课堂情境设计，也能够让学生在体验生活的过程中，其学习兴趣能得到有效的激发，并能提高他们在生活中提出问题、分析问题、解决问题的能力。有针对性、有目的性地展开一种活生生的教学情境，以让学生亲身体会并了解知识点的形成过程，从而在实际应用中去理解，在运用中去记忆。学生的学习兴趣得到了极大的提升，而课堂的效果也得到了极大的改善。

在进行情境设计的时候，以课程目标的特征为基础，从要解决的问题开始来构建与之有关的情境，从而激发学生对知识的探索渴望，让他们可以积极参与其中，以合作或自主的方式来实现对知识的探索，从而达到解决问题，并对自己的经历进行总结的目的。用"提出问题—引入情境—探索发现问题—分析问题实质—解决问题—总结经验"这一高效实现方式，能够让学生在较高程度上参与到活动之中，从而将数学问题生活化，将生活情境数学化，在活动中获得他们所要学习的数学知识。

应该注意的是，在将数学问题生活化的时候，被数学化的生活场景应该是学生自身所感受到的，或者是相近的，如果教师把自己的生活场景设置在课堂环境中，而学生并没有相应的体验，这样会导致学生不能真实地感受到这一过程，缺少了参与性，不能在认识上达成共识，也就不能使学生从其中提取问题，更不能进行探究和求解。

3. 实验操作性课堂情境设计

实验操作性课堂情境设计的目的在于将书本上的文字知识转化为可操作的劳技，让学生体验到知识的生成，并在操作中逐步内化，从而理解数学知识的本质。因为知识与技能之间存在着互补关系，所以在培养学生的时候，应该把他们自己的创造力和灵活性有机地结合起来，所有的创新思维的生成都要从实践出发。根据教学目标，设计可操练的课堂情境，并指导学生进行可实际操作的行为，在实际工作中，能够抽取一些数学问题，并对这些问题展开分析，从而得到答案，这是一个良好的数学学习过程。

在教学过程中，以"知识与技能"相结合的方式，激发学生探索问题，是一项重要的任务。数学是一种艺术，在几何学的课堂教学中，往往会使用到可操作性强的课堂环境设计，由于在初中阶段，数学几何以平面几何为主，所以，对于刚刚步入几何学的初中生来说，动手操作更适合他们，他们可以更好地理解平面几何，而且具备很高的可操作性。在此过程中，学生可以不断地在画图、割图、补图中体验图形的产生，由最基础的点到线，由线到面，循序渐进，通过实际的裁剪，体验到图形的产生和分解，加深对几何的了解，增强他们的学习兴趣。

伴随着科学技术的发展，各种多媒体资源都在飞速变化，借助多媒体的教学手段，可以让教学过程更加有效和快速。在教学中，教师可以利用多媒体的工具来开展一些数学问题的研究，这样能够让学生在教学中获得更多的知识和技能。利用多媒体的动态展示，将原本静止的数学变成了动态的数学，这样既能提升学生的学习兴趣，又能让他们体会到数学的灵活性，所以，在学习几何方面，多媒体教学具有非常大的影响。

有句话说得好，"授人以鱼不如授人以渔"，教师在教导学生时，不能只是把知识传授给他们，更多的是要让他们学会怎样去提出问题、分析问题、解决问题，这是一种在数学逻辑上的训练，让他们可以动脑思考，这才是教育教学的最终目的。在初中数学课堂上，我们提出了这样一种情境，其根本理由就是想要利用这种生动的情境，让学生在自己熟悉的气氛中，去感受到数学的存在。学习数学是一个过程，它不是对知识点的一种简单的累积，它需要在应用数学知识的时候，体会到数学在实际生活中的真实存在，我们生活中的许多事物都与数学息息相关。这一类课堂情境的设计，主要是将以上三种形式的课堂情境结合在一起，目的是提升学生的整体学习能力，调动他们的积极性，培养他们的创新思维，充分挖掘学生的学习潜力，提高他们的学习能力。

三、核心素养视域下的初中数学情境教学策略

在新一轮的课程改革中，核心素养的提出，指出了新的发展趋势，而在课堂教学中，培养学生的核心素养，则是目前教育的起点和终点。史宁中曾提出："以数学为基础的数学教育，应通过在对学生进行数学教育时，创造适当的教育环境，使学生体会到数学的真谛，并在学生的思考中获得丰富的知识，从而使学生在学习过程中获得更多的知识。"基于情境教学对学生数学核心素养的培育具有重大意义，在之前的研究中，对目前数学老师在情境教学中培育和发展学生的核心素养进行了考察。在此基础上，笔者基于数学核心素养的视角提出了初中数学课堂情境教学的策略。

（一）创设生活化的问题情境，引导学生用数学的眼光看问题

情境是数学知识的载体，它给学生们带来了一个可以将生活问题与数学问题进行转换的空间氛围，并培养了学生用数学视角看问题的能力。它对学生从实际生活中提炼出数学知识并用数学视角看待问题的能力进行了测试，而这一点就是 21 世纪人才培养所需要具备的数学核心素养。

我们提倡在数学教学中创设生活情境，并且应该注意以下几点：

1. 生活情境素材的选择要接近学生的最近发展区

苏联心理学家维果茨基把学生的发展分为两个层次，一个是已经存在的层次，它包含了已经存在的、认识的层次；另一个是预先设定的、可以实现的层次，也就是在教师指导下，可以实现的层次。这两个层次间的鸿沟就是"最近发展区"。这一理论对我们的教育启发是：课堂教学要立足于当前的实际，超越当前的实际，面向更高的层面。在创造生活情境之前，我们要对学生的学情进行细致分析，不仅要将学生在这一阶段所拥有的生活经验放在心上，还要将他们所拥有的数学知识放在心上，不能从生活中随意地拿出一个问题当作情境来使用。在设计情境的时候，要紧紧地围绕着教育的目的，要尽可能地贴近学生的发展区域。

2. 生活情境要平衡好"数学化"和"生活化"的关系

数学情境教学是立足于数学学科特征的情境教学，忽视"情境"而使其"数学化"，必然会妨碍学生的数学核心素养的培养。目前，数学教学中的情境问题正处于困境之中。一方面教学中运用"生活情境"过多，"情境"的生活味过浓；另一方面，由于受到了课堂教学时间的制约，以及应试教育下对成绩要求的压力，教师会尽量地与情境保持距离。教师觉得，过多的情境会对学生的视角造成一定的干扰，因此他们会选择将知识直接展现在学生的眼前，因此，情境的数学味过于浓厚。片面地强调"数学化"和"生活化"，这对培养学生的核心素养是不利的。在情境教学中，处理好情境"生活化"与"数学化"之间的矛盾，对培养学生的核心素养至关重要。

在"生活化"与"数学化"的关系上，我们应从认识生活问题和数学问题与培养学生数学核心素养的联系入手，比如在数学教学中的情境教学模式中，我们把一个真实的世界划分成现实的和数学的两部分，因为我们每一个人都是真实的，所以在这个过程中，我们会在生活中面对各种不同的"情境问题"，而在这个过程中，我们需要在外部环境的辅助下，把这些"情境问题"转换成数学问题，这就是"生活问题数学化"，在此基础上，我们需要利用合适的数学知识、策略和分析来解决这些问题，从而获得数学成果，而数学成果又必须融入生活，这就是"数学问题生活化"。二次转换的要求，就是具备一定的数学基础。

在情境教学中，要掌握真实生活材料的量度，要掌握在数学世界里的数学知识指向，要处理好"生活化"与"数学化"的关系。

（二）设计层次性的数学问题，促进学生用数学的思维思考问题

数学课堂是培养学生思维能力的主阵地，解决有效的、切合实际的问题，是提高学生综合素质的重要途径。在初中数学情境教学模式下，教师们亟须考虑的是怎样设计出可以引发学生思考的问题，从而培养出用数学思维来进行思考的习惯。教师的提问形式极大地影响着学生的学习成效。因此，在设计问题的时候，一定要仔细思考，一步一步来，将数学问题层次化。所谓层次指的是问题设计过程的层次性、问题结构的层次性和学生水平的层次性。

1. 问题设计过程的层次性

问题设计过程的层次性是指在进行问题设计时，教师要有条理，根据知识发生的顺序，一步一步地、有层次地布局，而不是直接进行。在这里对该问题进行简要介绍。

首先，深入研究课本，明确教学要点和难点；在进行问题的设计之前，教师要充分了解教材的教学目标，根据教学的重点难点，考虑为什么要设计这样的问题，并通过设计这样的问题，最后能培养学生怎样的能力。

其次，对学情进行剖析，对学生的认知水平进行了解。要从学生的实际出发，确定问题的出发点，不要过于困难，不要过于容易，要遵循他们的认识原则。

最后，对各种可能性的回答进行预先设定。事先为课堂上的问题做好回答的准备，然后想出解决问题的对策。

2. 问题结构的层次性

问题结构的层次性是指一组问题之间相互联系的关系。也就是在设计问题时，不能将问题隔离开来，而是要用联系的眼光，将所有问题都有机地结合在一起，一步一步地进行，环环相扣，就像是构筑的一级级阶梯，引导学生走向更高的水平。例如，阶梯式问题、变式问题、发散式问题、矛盾式问题等，都可以在一系列问题中构建出层次，从而让学生的思考得到充分激发。

3. 学生水平的层次性

学生水平的层次性，就是要针对不同的学习对象，进行有针对性的教学，即针对不同地区、不同程度和不同个性的学生，在问题难度和表征等方面的设置上存在差异。比如，在矩形几何的学习过程中，要重视学生对矩形几何知识的掌握。在初中阶段，学生们的主要特点是形象思维，他们非常活跃，对任何东西都充满着强烈的求知欲，虽然在小学的时候，他们对长方体有了一些基本的认知，但是对于它的特点，他们还没有进行过系统的总结。在进行平行班教

学时，教师应该把平行班同学们的数学基础都考虑进去，要让他们在没有教师指导的条件下，自己去尝试搭建一个长方体架子，这是一件很难做到的事情。所以，教师可以根据自己的实际需要，将搭建一个长方体架子的方式，根据不同的步骤，拆分为三个层次的问题。第一个层次，教师要指导学生去注意所给出的材料；第二个层次，要对所需要的材料和数量进行准确选择；第三个层次，就是要思考怎样搭建一个长方体架子。在进行具体的作业之前，用问题来引导学生形成基本的构建方式，这样可以降低实际作业的难度，最后可以极大地提高构建的成功率。但是，如果是重点班的同学，他们的动手能力和操作能力一般都比较强，因此，教师在搭建架子前，可以不需要对搭建的过程进行具体的细化，而是用比较概括的问题来给予他们一些指导，把问题以一种开放的形式表现出来，在各种方法的指导下，学生们可以自己去完成搭建，这样他们的成功率也会比较高。因此，在进行问题的设计时，教师应该遵循"因材施教"的原则，确定问题的目标。

（三）组织合作式的讨论交流，鼓励学生用数学的语言表达问题

通过林崇德等主编的《21世纪学生发展核心素养研究》中有关课程标准对"沟通和交流"内容的分析，发现"沟通和交流"内容在小学阶段已出现6次，说明当前课程标准对培养学生的核心素养给予了高度关注。沟通价值的影响体现在：在交流的过程中，学生要做出清晰、准确的表达，并聆听别人的意见，可以在与别人的意见不一致时，表示尊重和质疑。在"讨论"这一过程中，教师应适时地进行合作性的探讨和沟通，并以此为指导，充分发挥学生的数学思维能力。

1. 合作讨论要关注讨论的民主性

分组讨论是一个很好的方法，学生可以在这个过程中充分地表达他们的想法。与师生间的交流和面向全班的汇报交流不同，合作讨论通过分组交流、学生间的互动，为学生创造了一个较为轻松的讨论环境，尤其是为一些性格内向或学习基础差的学生提供了一个表达自我、说出真实感受的平台。上课时，我们会让学生表达观点，要尽量让他们表达出自己的观点。

2. 合作讨论要体现教师的指导性

在课堂教学中，"课堂时间的限制"是导致学生参与小组活动不多的重要因素。若教师在课堂教学中能及时有效地引导，课堂教学的效果将会显著提高。合作讨论是一种动态的讨论，在讨论中出现的策略错误和意见分歧可能会影响讨论成果的产生，从而导致讨论进程延误。这个时候就必须有教师的插

手，进行适时的指导。

（四）生成全程性的反思总结，提高学生的反思技能

在学生的学习活动中，反思是必不可少的一环，而在情境的教学中，也倡导了反思性的学习。利用课堂上的安排来组织学生进行反思，这样能够帮助他们对所学的知识进行回顾，重现他们的学习过程，从而更好地构建出内化的学习内容，强化他们的学习效果，提高他们的反思能力。

由于当前国内外对反思性学习的研究较少，可供教师借鉴的范例不多，教师在进行反思总结时存在反思主体模糊、反思内容不全等问题。反思总结不只是对学习的一种回顾，也不只是对所学的知识、方法、思路、策略等进行的一种深度探讨，它具有很强的科学研究性质。一个完善的思维方式，应该是展示出知识是如何形成的，检验出成果，提炼出所用的方法。而教师既是反思性学习的推动者，又要运用自己的教育智慧，指导学生把知识和情境联系起来，进行全程的反思。

反思的全程性包括反思发生的全程性和反思内容的全程性。

首先，要在学生的学习活动中进行自我反思。学生的自我反思是一种主动的探索活动，非仅限于某个特定的教学阶段，而是贯穿学生的全部活动。对于有较好反思习惯的学生来说，任何一个问题的情境都会成为其进行自我反思的基础，这种反思可以出现在新课引入部分，也可以出现在小组活动中，更可以出现在教学中的任何一个阶段。所以，在课堂上，教师们要重视学生反思意识和习惯的养成，并指导他们主动进行反思。

其次，反思应贯穿于教育的全过程。反思不能只是对所学的知识进行回顾，而是要结合具体的问题情境，还原知识的发生过程，验证所得出的结论，提炼出学习方法和策略，最后形成"回顾—检验—提炼"的全程性回顾。反思的主要内容包括：反思的知识、反思的结论、反思的方法、反思的动机、反思的策略等。在初中阶段，学生的思辨能力、批判思维和反思能力还处在形成初期，他们对自己究竟应该从哪个角度进行反思以及反思的目的等问题都很困惑，因此，在进行反思之前，教师可以为他们提供一些参考思路。

第四节　核心素养视域下的初中数学分层教学

一、分层教学的内涵及其发展

分层教学是一种以学生的知识基础、学习能力等为切入点的差异性教学方法，它是一种"分类指导，因材施教，个性发展"的教学模式，可以让不同水平的学生都能够根据自己的实际情况，寻找到适合自己的学习目标，并较容易实现自己的学习目标。

在我国，分层教学是一种新的教学模式。比如，"学科分层走班"教学，就是在不破坏原来的班级结构的基础上，根据学生在某一学科上的基本情况和综合能力，对其进行分层，学生根据自己所处的层次，进入不同的班级，而其他的科目则在行政班级中正常学习。

现在的学校，一般都是英语和数学"双轨走班"，也就是保持原来的行政班级，不分班的时候，还是原来的班级，只有上了英语和数学这两门课程的时候，设置走动的"班"，再根据学生的学习程度进行分层。双科分班制教学在大部分学校中都有很广泛的应用，原因就是数学和英语的特殊性，从学生的表现来看，数学和英语的学习情况完全是两个极端，所以双科分班制的教学方式，既能让优秀的学生"吃饱"，又能给后进生"补充营养"。

二、分层教学的理论基础

分层教学的立足点在于尊重学生的差异，活动形式在于教师与学生之间多样化、高效的互动，最终目的在于促进学生的全面发展。教育学、心理学中的一些理论可以为这一研究提供佐证，下文将从三个方面加以论述。

(一) 多元智能理论

霍华德·加德纳是美国发展心理学家和教育家，他于 1983 年首次提出了"多元智能理论"这一概念。多元智能理论认为，人类一共有八种智能，分别是"言语语言智能、数理逻辑智能、视觉空间智能、身体运动智能、音乐韵律智能、人际沟通智能、自我认识智能和自然观察智能"。由于对先天条件的理解不足，加之不同的生长环境，导致了个人在相同的生长时期，其生长的结果也不尽相同。然而，根据"多元智能"的观点，任何一个人都有着无穷的潜能，只要给他创造一个合适的条件，并加以适当的指导和激励，他就会在一定的范围内表现得很好。

过去，我们一直以一成不变的标准来评价学生，对每个人都有同样的要求，忽视了每个人的不同，实际上，如果我们能够发掘每个人的优点，寻找能够激发他们某一种潜力的因素，就可以使他们的智能得到全面的发展。分层走班教学是一种新型的初中数学教学方式，它可以在一定程度上将学生上课的积极性调动起来，不仅可以满足学生的心理发展需要，还可以为他们的学习提供相应的帮助和指导。而每一个人都有自己的优势，这就需要我们坚持"以人为本"的教育理念，构建适合于不同类型学生的教学模式。

（二）最近发展区理论

"最近发展区"是苏联教育家维果茨基提出的儿童教育发展观，他把学生的发展分为两个层面：一是学生自身存在的层面，即学生在没有任何外部条件的情况下，能够独立地完成自己的活动，从而获得较高的解题能力；二是学生在外部环境中能够达到的程度，也就是在外界指导下学习所获得的能力，两者之间的距离就是"最近发展区"。

教育与教学应该以学生的最近发展区为中心，向他们提供一些具有挑战性的、能够激发他们潜力的课程，以提高他们的学习热情。当他们到达最近发展区时，应该根据他们的能力，确定下一个发展区，为他们制定出一套能够使他们到达下一个最近发展区的课程与方法，并督促他们进入最近发展区。

在此基础上，教师要将学生的最近发展区转换为现有学习发展水平，并持续引导学生向较高的最近区域迈进，从而提高学生的能力水平。分层次的走班式教学，与"因材施教"的教学理念不谋而合，在速度、程度和深度上，都与学生的实际学习能力密切相关，这样，就可以保证教师的教学内容和方式符合每一个水平上的学生，从而达到提高学生学习能力的目的。

（三）掌握学习理论

掌握学习理论的代表是美国当代教育家和心理学家本杰明·布鲁姆。他指出，在上课前，应该给学员一个"预评估"，也就是一个诊断性评估，看看他们有没有足够必要的知识与技巧，以便为将来的课程做好准备；此外，他还把教学目标划分为三个主要领域：认知领域、动作技能领域和情绪领域。第一步，要对本课程的内容进行科学化的设计，并对其进行分级。第二步，要对学生进行形成性评估，并针对他们的表现做出适当的修正。第三步，要对学生进行形成性测试，从而实现最后的教学目标。他主张："学校应当为学生提供适宜的教学，而非挑选适宜的学生。"在教学过程中，教师要调整相应的学习任务，以适应不同学生的认知，或是弥补学生的不足，进行有目的的分层次教学，唯有如此，才能让各年级的学生都能对一项学习任务有一个初步的了解。这就需要对学生进行有区别的教育，重视他们的"个性化差异"，而分层走班教学正好符合这一特点，因此，在进行分层教学时，可以极大地提高学生获得更好的学习成果的概率。

三、分层教学模式的特点及优越性

（一）有助于教师专业教育素质的提升

目前，新课程思想越来越重视教师教学目标的多样化，而分层教学又在客观上激起了教师对自身职业素养的内在要求，所以，教师迫切需要加强对自身教育思想的认识，对教学方法、教学模式的运用等进行深入的思考和研究，特别是对分层教学最直接的要求，就是要在课堂教学中，针对三个不同层次的教学内容，进行习题练习和不同层次的评估，并且要理解新课标的精神和要求、教材选题和编写的目标、不同层次学生的实际需求等，尽量丰富自己的专业知识和技术，建立起一种属于自己的高效的知识体系，这样才能从客观上提升自己的专业教育素质，并逐步成为职业发展的内在动力。

（二）有助于提升学生的学习认知能力

素质教育最突出的特点就是要把人放在第一位。针对不同学生的个性特征，应形成一套实用的教育理念和实施方式，化解对学生进行统一施教与对学生进行分类引导的冲突与难题，让一些底子不好的学生能够消化吸收一些基本的知识，让中等程度的学生在学习上更加积极主动，让底子好的学生能够更好地"进食"。在教学过程中，采用分层教学方式，让每一位学生都能明确自己要学习什么知识、通过学习要实现什么目标等，即能够明确自己学习的目标和方向。所以，教师应最大限度地激发学生的学习积极性，这样一来，他们在学习中往往会更有信心、更有精力，也逐渐地体会到了学习的快乐。教师在讲课之前，要为每一年级的学生划出一个"最近发展区"，遵循"一步一步，步步为果"的原则，让每一个年级的学生通过自身的努力，都能达到下一步的最近发展区，进而完成由低至中、由中至高、由高至"精英"的过程。

（三）有助于学生主体作用的发挥

在课堂教学实施过程中，学生起着无可替代的作用，分层教学的要点在于：教师不仅要将学生划分为若干层次，更要将一章的知识点分解为若干层次的问题，让学生在解决问题的过程中，能够对自己所学有一定的了解。特别是数学，这是一门比较抽象的学科，要把抽象的知识转化为具体的问题，就等于要把学习的主动权交给学生。这样，学生在学习的过程中，可以充分地发挥自己的主观能动性，思维可以有很好的发散，知识水平也可以在不知不觉中提升，在学习的过程中，会感到非常放松，身心都会更加愉悦，为整个课堂教学的推进创造了一种活跃自然的氛围。

分层教学是一种对学生主体差异的尊重，它把学生之间的差异看作一种容易被开发、被使用和被指导的教育资源。教师可以把分层教学与小组合作学习有机地融合起来，把小组讨论引入相同水平的学生学习中，让他们在学习中相互帮助、有机探讨、相互学习，这种方法对增强他们在学习中的主体性更有帮助。

（四）有助于学生思维品质的培养

在数学教学中，一个人的思维品质往往决定着一个人的学习水平。作为教师，在课堂教学前的备课环节，就应细心地对学生的思考进行训练，恰当地把握好不同学习层次的学生与不同难度的问题之间的关系。对于学习层次较高的学生来说，在遇到比较简单的数学问题时，一般情况下，不需要进行运算就能轻易地做出回答；而对于中等程度的学生来说，可以通过简单的分析，找出解决问题的思路和策略；对于学习层次较低的学生来说，通过认真的思考和计算，一般也能获得准确的结论，所以，在这一时期，学生在思想上都获得了一定的训练。对一些中高难度的问题，高层次的学生只需要稍微考虑一下就可以解答出来，而中层次和低层次学生则可以经过充分的考虑和参与，在"卡壳"的情况下，思维也会慢慢变得更加灵活，而且，在这种情况下，各个层次的学生还可以在课堂上进行讨论，从而产生思想碰撞的火花，这就是提高他们思维水平的一个关键因素。如果是一些难度很大的问题，就算是高层次的学生，也要绞尽脑汁，全神贯注，大脑高速运转，而中层次和低层次的学生，就可以彻底抛开自己的想法，轻松地完成自己的任务，从而磨炼自己的思维，甚至还可以获得"意想不到"的好结果，所以，在给不同层次的学生设置练习的时候，可以有针对性，但又不会让学生退缩，让每个层次的学生都可以在练习中发展自己的思维，做到"各得其所"。

四、实施分层教学模式的必要性与可行性

（一）分层教学实施的必要性

数学新课标中凸显人人学习有价值的数学，每个人都有必要的数学学习机会，不同的人在数学上会有差异化的发展。它的根本起点和关注点就是要使学生们能够在数学学习中获得更高的素质，从而使他们能够在数学方面获得更大的发展。数学是一种很有逻辑、很有系统的科学，它所涉及的知识都具有很好的结构，并且具有很高的抽象性。与其他课程相比，不同的人在数学学习上存在着不同的兴趣与热情，在数学知识学习的进度与接受能力上存在着显著的差别，因此，在实行分层教学时，应根据不同的学习基础、不同的思维与认知能力、不同的学习成就，并针对不同的学习水平，分别采用不同的方法进行不同的教育。例如，在对水平较低学生的教育中，应注意并重视"基本能力"的发展；而对中等水平学生的教育，注重培养"思考能力"；而更高水平学生的教育，更多的是以"思维能力"和"创造能力"为核心，以"大众数学"为核心。在"教育要面向全体学生"的要求下，进行分层教学，可以让每个学生在学习中更多地靠近自己的"最近发展区"，发挥每个学生的潜力，是符合新课程理念发展需要的一种重要方式，也是实现素质教育的必然选择。

（二）分层教学的可行性

新课程理念越来越清楚地强调，在课堂上，以学生为中心，教师的"教"应该是为了帮助学生"学"，所以，教师的教学思想和方式应该紧密结合学生的学习需求，因为"一刀切"的教学方式很难满足各个基本水平上的学生的发展需求，同时也导致了学生的"两极化"，造成了统一的教学与学生个体差异之间的矛盾进一步加剧，教育的定位基点应当是"人人都发展，个个可成才"，这一教育目标的落脚点，绝不能为了某些学生的发展，而以影响其他学生的成长为代价。成功的教育理论认为，每个人都有可能成功，在通往成功的道路上，每个人都拥有不可思议的潜力，越是渴望成功，相应的潜力就会得到更好的开发。分层教学的实施，就是基于对学生差异性发展潜力的全面认识，

努力为每个水平的学生提供探索和发展的机遇。

关于导致事物发生和发展的内部因素和外部因素的相互联系，唯物辩证法已经得到了很好的证明。把这一理论运用到数学教学中，就是要让作为外部因素的教师，在教育中正确地扮演领导的角色，让作为内部因素的学生能够更好地发挥自己的主体作用。从学生的角度来说，就是要激励自身在学习方式上更加科学，在学习兴趣上更加浓厚，在学习效率上更加迅速；从教师的角度来说，就是要做好对不同类型、不同基础和不同水平的学生的分层辅导工作。

五、初中数学实施分层教学模式的原则

（一）坚持水平相近原则

在对学生进行分层时，教师要将学习基础相近、学习思考认知能力相近、学习成绩大致相当的学生分成一个等级。

（二）坚持差别模糊原则

在对学生进行分层的时候，教师不能一成不变地设定层级，而是要按照他们一段时期的学习兴趣、学习态度、学习能力、学习习惯和学习成果，对他们进行动态调整，让他们有进有退，有转有留。对于有显著进步的，教师应该提高一个层次；对于退步并且在学习精神上没有显著变化的，教师应该降低一个层次。

（三）坚持自我实现原则

在为每个级别的学生设定教学目标时，教师应该仔细思考如何进行教学设计，如何安排作业，如何安排训练的内容，要掌握"一鼓作气，再而衰，三而竭"的原理，也就是教学目标要经过学生的努力才能达到，要让学生从心里感到"自我实现"，体会到在学习中取得的成就给自身带来的幸福和欢乐。

（四）坚持零整分合原则

在课堂上，教师要注意教学内容的可分和可合，在适当的时候分开，在适当的时候合并。在对学生进行学习的安排和要求方面，也应该注意控制好自己的进取心，让学生的自主学习与教师提供必要的辅导、帮助和点拨有机地结合起来，要控制好自己的极限，合理地分配自己的时间，以达到预期的结果。

（五）坚持调节控制原则

根据不同水平的学生的需求，在课堂上，教师应该始终秉承以学习、探讨为中心的思想，并根据课堂上存在的问题，适时地改变和调整教学计划，特别是要做好课堂氛围的调控，做好对不同水平的学生的讲解与辅导。

（六）坚持积极激励原则

在课堂上，教师要抓住这个基本的要求——多鼓励，少批评，让全班同学都能感觉到教师在学习中对自己的认可，从而提高他们的学习自信和学习兴趣，让他们一直处在最好的学习环境中，永远保持他们的热情和精神。

六、核心素养视域下的初中数学分层教学实施策略

新课标发布后，与之有关的"核心素养"理念在初中数学教学中得到了越来越多的应用。对于初中数学教师来说，要积极地学习和研究新的理论，并利用新的理论去改善课堂，使课堂与学生的发展相适应。分层教学是一种既能考虑到每个人的差别，又能促进所有人共同提高的行之有效的方法。以下是笔者在这方面的一些想法和经验。

（一）做好学生分层工作

"面向全体，因材施教"是分层教学的根本原则，它注重教师的"教"与学生的"学"相适应，使学生在因材施教中达到"分层提高"的目标，使学习能力较强的学生脱颖而出，使学习能力较弱的学生努力进步，使中等生稳定进步，使全体学生都能得到充分的发展，因此，在分层教学的实践中，学生应当是一切活动的中心，也是一切活动的主体，合理、高效的分层可以使教学活动不断进行，从而有效地提高课堂效率。

在此基础上，根据"核心素养"的理念，对培养和提高学生综合素质提出了新的要求。初中阶段，数学核心素养分为九个部分，分别是抽象能力、推理能力、模型观念、几何直观、运算能力、数据观念、空间观念、应用意识、创新意识。每个学生在这九个部分中都有着各自的特点，有些学生具有较高的数学抽象能力，有些学生具有较高的直观想象能力，因此，当教师们对学生们进行分类的时候，一定要尽量做到动态化，也就是要用一种动态发展的眼光来

看待学生，对学生进行多维的分类，并且要结合学生的上课成绩和学习状况，对他们做出一个客观全面的分析，并且要将学生们的成长过程记录下来。

需要注意的是，在教师进行的分层中，并没有什么好与坏之分，它只是一种对学生的一种客观评估。所以，在进行分层的时候，必须顾及学生的自尊心，不能把他们分为优等生和差等生，这当然也就需要教师和学生之间可以进行一次及时、高效的沟通，让学生可以积极地去了解教师在分层教学中所采取的每一项行动的真正目的，这样才不会让学生因为分层教学而遭受伤害。

（二）以分层理念来指导教学设计

在一切教学活动中，教师要进行有效的教学设计。在实行分层教学时，教师要尽可能地避开以往的"一刀切"教学方法，要依据不同的经验基础、学习风格、思维特征，为不同层次的学生设计相应的辅导计划，这样才能激发他们的探究与创新意识，才能让大家一起进步，才能让大家都能得到个性的发展。

比如，在指导学生学习"相似三角形性质的应用"时，教师可以在教学设计中对学习目标进行分层规划，让学习能力较弱的学生结合类似三角形的相关知识，求出一条河的宽度。对于中等水平的学生，设置一道开放式题目：要求你自己想办法测量河流的宽度；而对于学习能力较强的学生，就需要他们根据自己的经验，计算河流的宽度和树木的高度。

在以上的教学中，教师应该主动地进行教学：针对那些基础较差的学生，教师会给他们一个封闭性的问题，这样的问题有很大的方向性和针对性，让他们可以很好地找到自己的想法，并且可以很好地发展出自己的问题，让他们对所学的东西有更多的了解，也让他们在解决这些基本问题的时候获得自信。在中等水平的学生面前，教师可以向他们提出一个开放性的问题，尽量让他们可以在自主的探究过程中将问题和知识相结合，这种方式可以帮助他们更好地认识到知识的实质，还可以帮助他们更好地培养数学建模思维。对基础较好的学生来说，教师可以把发现问题的过程交给他们，让他们在自主的探索中找到相似三角理论的运用价值，这种方式有利于培养他们的提问能力和创新意识。

在过去的课堂上，教师们也常常会有这样的感叹：作业布置下来，基础较好的学生总是很快就做完了；而基础较差的又在那里挠头，不知从何下手。而在以上的教学设计中，通过分层的方式，可以让每个学生都有适合自己的问题，他们都要在相应的问题上投入一定的时间和努力，从而实现问题的突破，这种方式有利于提高和发展学生的学习能力。

（三）努力实现辅导的分层化

分层辅导应该是分层教学的核心所在。在初中的数学教学中，应采取分层次、分形式的"层次化"方式，进行"层次化"教学。分层辅导一方面是为了帮助学生有针对性地解决分层问题，另一方面是为了对学生进行分层次的指导，让不同程度的学生在学习方法上也可以获得更有指导性的帮助，从而提升他们的自学能力。分层辅导主要包括了课堂辅导和课外辅导两个方面，但是这两个方面都有一个共同点，那就是要与学生展开高效的沟通与对话，在对话中，让学生能够更好地了解问题。在此过程中，教师会对学生进行点拨与引导，让学生能够更好地解决问题，纠正自己的错误。在课堂上进行的分层辅导，主要是指在学生进行自主探索时，教师要及时地观察到他们在探索中的表情和动作，并解答他们的疑惑和障碍，给予引导。此外，在学生参加团体活动时，教师也可以通过和学生的交流来理解学生所面临的问题，并给予相应的引导。

课外辅导不是"开小灶"，也不是拉着好几个人来做一对一辅导，就算是正常上课，也未必有那么多的空闲。依靠着高速发展的信息技术，现在，这样的辅导可以在网络上进行，比如，教师可以按照自己的学习情况，有针对性地制作出一部微课视频，然后将视频文件共享到网络上，供各种程度的学生有选择地进行观看，教师将需与学生沟通的内容融合在其中，使学生在自主的学习中获得提升和发展。

综上所述，在发展学生的核心素养时，教师要深刻地分析不同层次学生的基本特点和发展需求，在教育实践中实现更加科学的分层。同时，要进行科学的教学设计，对课程进行合理的分类，采用信息化手段进行分类辅导，以减轻学生的课业负担，提升其学习效率。

总而言之，在对学生的核心素养进行发展的时候，教师要对不同层次学生的基本特征和发展需求进行深入的分析，从而在教育实践中实现更为科学的分层。与此同时，要科学地进行教学设计，对课程进行合理的分层，利用信息化的方法进行分层辅导，从而达到降低学生课业负担、提高学习效果的目的。

第六章 核心素养视域下的初中数学教与研的创新研究

第一节 核心素养视域下的初中数学深度学习教学

传统的初中数学教学方法往往引导学生获得理解概念、原理和解决相关问题的能力，其最大的缺陷就是学生对所学内容的认识不够深刻。将深度学习理念运用于初中数学教学，可以提高学生对数学问题的理解，提高学生的数学核心素养。从教育策略上看，要从深度阅读、深度思考、知识链接、活动探索等层面来综合提升学生的深度学习效果。

一、深度学习的意义

在初中数学教学中，以指导学生获取多种数学知识和提高其解题能力为目的。过分强调解决问题的教学方式，通常只是对有关的数学知识进行浅显的了解，而没有对有关的数学原理的起源、发展和本质含义进行深入了解。深度学习是目前人工智能研究中的一个热点问题。将深度学习的概念应用到初中数学教学中，教师要指导学生通过深入思考，更好地理解数学知识，并对其起源和发展有一个详尽的认识。在初中数学教学中，一个重要的特点就是逐步培养出良好的数学运算技能、直观的想象力、基于现实生活问题进行数学建模的能力，并从现象和问题中探索数学的实质的能力。要想提高学生的基本数学素质，就需要抛弃"问题"的表面现象，深刻认识"深度学习"的本质。它对提高学生的深层思考能力和创造性思考能力具有十分显著的效果。首先，它可以提高学生的数学学习水平。陶行知先生曾经说过："先生的责任不在教，而在教学，而在教学生学。"在此基础上，提出了一种新的、更好的、更全面的、更有效的教学方法。其次，它对提高学生的解题水平具有重要意义。通过深度学习，可使学生形成独立思考和创新的数学问题观，实现思维的重构。在教学中，要激发学生的主观能动性。在教师的引导下，学生们可以独立思考，发现问题并提出问题。最终，可以更好地提高学生的数学核心素养。深度学习指的是一种将认知作为基础的学习方法，在此过程中，学生们会主动地去学习新的知识和新的思想方法，从而培养出更强的思考能力，能够用知识综合的方法来解决现实问题。深度学习的核心是学生的学习状态、学习过程和学习结果的有效融合，进而推动学生的全面发展。

二、核心素养下初中数学深度学习教学策略

（一）构建深入的教学课堂

在此基础上，提出了以深度学习为基础的教学模式，其主要特征有三：第一，要让学生在深度剖析中发现问题并提出创新的方法；对现行的"手把手"式的授课方式进行改革。第二，以深度学习为核心的教育方式，需要通过指导学生对所涉及的内容进行深入的认识、分析和体验，从而发现问题的实质，对所涉及的内容有更深入的了解。第三，深度的学习促进了他们较高层次的批判思考能力，这就要求学生们能够充分地运用所学知识并进行深度交流。在构建深度教学的过程中，还应抓住五个关键因素。其一，从根本上说明了问题的性质。传统的初中数学教学方式侧重于对理论的讲解和问题的解决，往往是比较简单的，学生不会花费更多的时间来了解问题的实质。为了建立深度研习班，教师需要引导学生对所学课题的本质有一个整体的认识。其二，要注重思维的纵深。要想揭开一个数学问题的本质，就必须对它进行深入的思索，理解它的起源、发展及其本质。其三，强调知识点与知识点的关联性。深度学习和新的数学知识的运用，需要学生将所学的知识全部联系在一起，接着就是在教学上，构成一个比较综合的体系。这种教学方式能更好地激发学生，奠定良好的学习基础。其四，增强了对数学教学的体验。在深度学习法中，学生要进行深度的思考，并进行深度的研究，对数学知识的性质有一个全面的了解，让他们拥有更多的体验和自主能力。其五，侧重于有关理论的传授与运用。初中数学教学应指导学生应用所学知识，培养学生解决实际问题的能力。

（二）通过深度阅读对知识点进行研究

大部分的数学教科书只对数学的概念、理论和应用做了简单的描述，但对

它的起源和发展却一无所知。在广大数学家的不断摸索与积累中，逐渐形成了一套完整的数学知识系统。从两种不同的历史观念之间的矛盾中，我们可以更加深入地了解数学的发展过程。这就要求在加强初中数学课程的学习过程中，对所涉及的知识系统有更深刻的认识。知识是根据各个时期的看法而建立的。

（三） 创造问题情境，培养发散思维

学习是一个从浅到深的逐步发展的过程，以学生的认识规律为基础，以深度学习中所需的知识构建和转移等基本元素为基础。此外，在创建情境时，也存在着实际问题与数学问题的转化。将具体的情境与抽象的数学概念知识相结合，并将数学核心素养的九个基本因素囊括其中，对数学核心素养的培育反映出了对其进行深度学习的目的。然而，应当指出，并非对每一门课程都要创设一种教学情境，仅在学生对新的课程很难理解或者有不可战胜的认识困难的时候，才会要求教师创设一种情境，这种情境有助于学生更好地了解新的知识，更好地解决他们的认知困难，还可以让他们更好地将新的知识和原来的认知结构相融合，最终可以建立起新的认知结构，因此，教师要在这一点上做好均衡。

（四） 及时分析错误问题有助于改进反思

教师让学生做一组错题的练习本就能把知识点很好地结合起来。在讲解的时候，教师会提示学生注意自己的错误，对自己出现的错误进行及时的归纳和分析，并制作错题练习本，在错题练习本上记下纠正的意见，并再次进行学习，以便在今后的学习中，不会再出现相同的错误，从而实现了知识的积累、技能的提升。当教师把课堂上出现的一些错误题目给了学生之后，给他们一些时间来回顾或者了解这些题目的意义，自己去吸收这些知识，并且对这些题目进行强化和修正，通过对知识的理解，把握知识的内涵，建立知识系统，实现知识的深度学习。

（五） 使思维映射能够构建知识系统

从教师的反馈和学生的问卷来看，他们在问题的处理上没有很好地发挥自己的能力，说明他们在问题的处理上没有得到很好的融合，没有一个认识框架。在现有的知识体系中，既有新的知识又有老的知识，它们在现有的基础上不能有效地进行融合和转化。在此基础上，提出了一种新的、具有全局意义的认知方法。也就是说，教师应当从数学知识的整体视角入手，对教学内容和学

生进行全面的分析，让学生运用概念图和思维图进行深入的探究。要解决好知识碎片化的缺陷，以批判的态度去建立一个知识系统，使学生可以建立起与知识点对应的逻辑联系，构建一个较为完备的知识网，从多个视角进行学习，从而提高他们的思考能力。

在初中数学的教学中，要采取有效的手段，培养学生的数学基本素养和解决问题的能力。将深度学习的理念应用到初中数学教学中，能够有效地提升学生对有关知识的内在理解，从而使他们对数学原理形成更加深刻的了解。通过深入阅读、深入思考、深入调查，指导学生提升学习的有效性。

第二节　核心素养视域下的初中数学高阶思维教学

数学高阶思维，是指学生在教师布置的学习问题面前所表现出的一种较高层次的思维方式，它包含了策略性思维、批判性思维和创造性思维等。要想推动初中阶段的数学高阶思维能力的稳定发展，就必须以这三个具体的视角来进行有目的的思维训练活动的设计，这样才能让学生的各种思维能力发展平衡，最终巩固学生的数学思维能力的认知体系。在教学过程中，教师要在教学中改变自己的思考方式，在教学中进行改革，以建构式教学、内省式探究、深化式学习为出发点，更好地促进学生的高层次思考。

一、设计结构化教学，激活策略性思维

通过实施项目化的思维培训和活动教学，设计更多的结构化教学活动，激发学生的策略性思维，为他们的个体化决策创造更多的学习机会，使他们从"被动接受"到"主动思考"。

（一）保持方法教学连贯性

从初中数学教学中的思考方式来看，许多学生的思考方式都是断断续续的、不连贯的，这样的思考方式可能会出现一些突飞猛进的想法，但是因为缺乏正确的思考方式，这些思考方式都是支离破碎的，所以，在这个过程中，学生们经常会处于一种"被动接受"的状态。在数学课程中，教师要特别注意对学生进行连续性的教育，同时还要教会学生进行有组织、有系统的认知并构

建数学新知，从根本上掌握数学知识的连接点，加强学生知识建构的精度，从而提升学生在数学课堂中的学习效果。

（二）体现上位概念引领性

通过对初中阶段学生"被动"思维状况的分析，我们可以看出，造成这种现象的根本原因并不在于他们对数学课程的兴趣不够，而在于他们没有一个能够支撑他们策略思维的"支架"，这就导致了他们的策略思维很难发挥出来。而"上位概念"就是一个很好的材料，可以为他们提供一个构建战略思考框架的平台。通过结构化的教学设计，教师可以从更高的层面上，对课堂教学中的核心因素与重点难点进行把握，利用总领性的启思问题、驱动任务，引导学生进行发散式的数学学习，发掘并把握好数学探究学习的子方向，有目标地逐层进行策略性数学思维，逐步地对数学知识的本质进行探索和掌握。

在初中的数学课程中，几何是一个非常关键的部分，它的重点是对几何对象的概念、性质、联系、区别和具体应用等基本知识元素进行的研究。通过对"上位概念"的分析，提出了一些具有普遍意义的问题，从而激发了学生的策略性思维，加强了他们在数学学习中的条理性。举例来说，在讲授"三角形的高线、中线、角平分线"的概念时，"三线"当然是课堂所讲授的"上位概念"，教师要向学生们解释"三线"的本质，并使学生们明白所学的"三线"的特定的数学含义。教师从整体上理解了这一点，再结合上一节课所学到的"三角形的边"的内容，根据本节课所学到的"三角形的侧面"的规律，将他们的数学思想集中在"高线、中线、角平分线"这"三线"的研究上，同时也让他们产生了这样的想法：本节课为什么要学习三角形的高线、中线、角平分线，而不是其他"线"？通过这种从一般到特殊的思路，使学生对高线、中线、角平分线在位置关系、数量关系中的特殊性和必然性有了更深层次的认识，并引导学生对"中位线"等相关知识进行探索和思考。

通过"结构化教学"的方法，教师们可以从大的方面来理解"上位概念"，从而构建出一个适合于课堂学习的数学知识网，支持他们在课堂学习中的思考，引导他们抓住重要的概念和知识主线来构建新的数学知识体系。教师所提出的启发性数学问题，也是非常有针对性的，它能够为学生的主动思维提供一个清晰的指导，从而提升他们在数学中进行探索的思维活跃度，激发他们发散思维和创新思维。

二、设计内省化探究，激活批判性思维

初中数学高阶思维的培养需要学生在课堂上保持积极主动，为此，我们应在课堂上采用自省的探究方式，注重对问题的反思，实现从"表象认识"向"深层建构"的转化。

（一）激活学生问题意识

在初中数学的课堂教学中，虽然学生对教师所教授的数学新知识并不排斥，但是只有极少数的学生会在课堂上积极地表达出自己的不同认识，大多数的学生都缺乏对数学问题提出疑问的胆量和意识。教师要对学生的数学问题意识进行充分的激发，为他们建立起能够更好地表达自己的疑问、质疑的学习平台，逐渐地将他们的数学质疑能力调动起来，并对其进行强化。要想对学生进行问题意识的培养，教师们必须对此给予足够的重视。教师们不能急于一时，可以将质疑学习与每个课时教学的不同环节、不同知识内容有机结合起来，从而达到对数学质疑指导的常态化教学目的，让学生们养成敢于质疑、善于质疑的学习习惯。

（二）培养学生反思习惯

在内省式的探索式学习过程中，学生们总是处在一个知识互动的过程中，学生们在完成对知识的吸收和内化的过程中，还会产生自己独特的思想，从而给所学数学知识注入新的活力。在教学过程中，要注意对学生的思想进行有效的引导和教学。在反思教学的指导下，可以有比较多的切入点，因此，教师们要拥有一个动态的教育角度，将学生们在课堂上所获得的具体结果以及错误的来源都掌握在自己手中，并以此为依据，以学生们在数学学习中存在的思维障碍和认知短板为依据，来对数学课堂上的教学策略进行有针对性的调整，从而让学生们能够进行查漏补缺，正确地构建他们的数学认知体系。

在内省化探索的过程中，学生占据着无法动摇的主体地位。所以，教师要减少不必要的思考，使用课堂上的留白来鼓励学生的批判性思维，为他们的自主探索创造充足的课堂时间和思考空间。

"质疑"和"反思"最直观地反映了学生的批判性思维能力。在课堂引入环节中，教师布置了一个驱动性的学习任务，利用一些让他们觉得"不可能

完成"的数学问题，让他们产生一种认识上的冲突，从而将他们的问题意识给激发出来，让他们能够积极地提出自己的问题。在此基础上，通过内省式的探索式学习，引导学生进行自主性和反思性的学习，培养他们的自我意识，促进他们的批判性高阶思维。

三、设计深度化学习，催生创造性思维

在初中阶段，教师应重视对初中阶段的创造力教学，与已经掌握的知识相结合，拓展他们的数学思考空间，构建"承上启下"的数学课堂，激发他们的创造力，使他们由单纯的"模仿复制"过渡到"个性创新"。

（一）对接学生认知经验

与小学比较，初中的数学知识体系更加完善，学生能够更好地接受各类数学新知，能够得到更多的学习方法和学习经验。教师要将这些已有的认知经验作为让学生进行深度学习的思考生长点，在课堂导入、新知授课、训练巩固等多个教学环节中，要主动地将学生的数学认知基础以及他们的生活经验融入其中，引导他们进行数学新知的迁移。教师要准确把握班级初中生的数学学情，通过导学案、预习任务单等数学载体，开展预置性学习活动，并深入分析预习反馈信息，依据学情，适当调节数学课堂中的教学预设，开展更有针对性的个性化辅导，培养学生个性化的数学高阶思维。

（二）延展学生思维广度

"承上"是一种将学生的认识体验与教学实践有机联系起来的教学方式，它为创新思维和创新学习等教学活动的开展，提供了一定的理论支撑和方法支撑。以这一点为基础，教师们展开了恰当的拓展性教学，从而对学生的数学学习思维展开更多的激发，拓宽了他们数学学习思维的广度，并孕育出他们的创造性高阶思维能力。数学课程的教学内容具有较高的实践性和应用性，教师们可以利用数学游戏、数学实验、数学实践等一些要求学生亲自参与的学习活动，通过既具有引导性又具有挑战性的实践学习，使学生能够更加深入地了解数学的相关知识，从而提高学生的综合性、灵活性和发散性。

要培养学生的创造性思维能力，就必须让他们由"运营者"转变为"思想者"。例如，关于"圆"的图形的观念，在初中时就已经比较系统、深刻地

阐述了。教师在教学中，先将已有的认识与教学内容联系起来，再让学生对所学习到的有关"圆"的内容进行回顾，然后和他们共同梳理出有关圆形的某些图像观念，比如直径、半径、周长、面积等，以此来唤起他们已有的认识。接着，教师进行了创造性的研究，提出了这样一个问题：如何寻找圆形的中心？独特的问题设计给学生们的数学创造性思维带来了很大的启发，他们能够主动地参与到实践中去，发现了多种创造性学习的切入点，比如，有人利用两个不同的直角三角形画出圆形，确定圆的直径和圆心。有的学生利用矩形的对象线相交，然后找到矩形对角线的交点；有的学生会在两条绳子之间画垂线，然后用这两条绳子相交的地方来确定这个圆的中心。最后，教师总结了学生们各种各样的学习成果，并做了精辟的剖析，让学生在"知其然"也"知其所以然"的同时，更好地把握了数学观念的基本特点。

在本节课程的教学设计上，教师没有将数学概念、知识与学习方法"和盘托出"，而是别出心裁地为学生设置了一个"寻找圆心"的开放性的深度学习题目，从多角度深入学习，从简单的重复、模仿，低效的概念学习模式中获得更多的知识，从而能够更好地进行知识的创新创造，提高创造性、高水平的思考能力。

如何培养初中生的数学高阶思维能力，不仅是初中数学学科的一项主要教学任务，也是核心素养理念对数学学科教学的具体要求。教师针对初中生的特殊心理特点和认识能力，对数学课堂的教学策略进行了有针对性的调整、优化和创新，通过结构化的教学设计来激发学生的策略性思维；以内省提问法启发批判性思维；深入设计教学，培养学生的创造性思维。在多元化的思维训练活动的支撑下，推动学生多维数学思维能力的协同发展，进而推动学生的数学学科学习力和数学综合素养的全面发展。

第三节　核心素养视域下的初中数学项目式学习教学

在目前的教学中，核心素养是一个比较受欢迎的话题，它是指学生们在学习过程中所应该形成的，能够对他们未来的长期发展产生重大影响和促进作用的关键素养和能力。

在核心素养的大背景下，各科教师都从实践出发，探索出了一条切实可行的培养学生核心素养的途径，在初中数学教学的实践中，笔者发现，初中数学教学中项目式学习对培养初中生的数学核心素养大有助益。"项目式学习"这一理念一经提出，就引起了广泛的关注，它闪耀着教育智慧的光辉，如果能够合理地进行组织和运用，对于提高学生的学习效率和教师的教学质量具有独特的作用和价值。

在此，笔者将根据自己的初中数学教学经验，谈一谈自己对核心素养视角下的初中数学项目式学习策略的理解和见解，希望能够为广大的初中数学同仁们提供一些帮助，从而能够把这些理念真正地运用到自己的初中数学教学中去。

一、项目式学习概念界定

首先，笔者将对项目式学习的概念及其培养初中生数学核心素养的可行性进行分析，这是奠定本节研究的重要理论基础。

（一）项目式学习概念

项目式学习是以学生为中心，最大限度地发挥其主体作用的一种教学方法，是教师根据所学的知识和内容，引导学生解答自己的项目，其主要包括：学生自己提出项目构想，参加项目建设，进行项目展示等。在实施与解决项目过程中，学生可以获得一个具有开放性的、有问题的学习情境，从而可以自主地获得知识，加强合作与交流，提升自主学习能力、合作探究能力、动手操作能力、知识实践运用能力等综合素质和能力。

（二）项目式学习培养初中生数学核心素养的可行性分析

首先，项目式学习是一种比较全面的教学方式，它并不局限于单一的教学内容，而是注重通过各种综合的教学方式来提高学生的整体素质，这符合了全面发展的要求。

其次，项目式学习更加重视学生的主体地位，它要让学生自己去参加，自己去体验，自己去发现，这样做不仅可以让他们在短期之内得到好处，还可以让他们在未来的生活中得到帮助，从而让他们能够更好地融入飞速发展的社会中。这种"项目式学习"的要求和"核心素养"的实质是一致的，都是既注重当前，又注重长期。

二、核心素养视域下的初中数学项目式学习策略

接下来，笔者将以"由数学项目驱动数学建模及数据分析""由数学项目

推动逻辑推断及直观想象"和"由数学项目落实数学抽象及数学建模"三个方面为实例,对核心素养视角下的初中数学项目式学习展开进一步探讨,这是本节的主要内容。

(一) 由数学项目驱动数学建模及数据分析

通过大量的数学教学实践,我们可以看出,当学生在学习中遇到一些可以在实际生活中见到的现象时,他们会产生浓厚的兴趣,并乐于去探究,当他们完全投入学习之中,充分地发挥自己的主体性时,他们同样会得到高质量的教学结果。相反,教师若只是死记硬背教材中的知识和内容,很难调动学生的求知欲。据此,笔者认为,在初中数学教师的教学过程中,应当有意识地从学生熟悉的实际问题情境出发,引导他们积极参与数学问题式学习。

比如,笔者在教完有关"一次函数"的内容后,给学生们出了一个题目:在我们的生活中,所有的电力都要支付电费,不过,现在的电价与过去的电价有细微的差别,其原因在于,在某一用电量范围之内,电价相对较低,而超过该用电量范围之后,电价就会有所提高。制定电费缴费标准,是为了让大家在日常生活中节省用电,更好地爱护我们可以使用的每一度电。下面,请同学们自行设计相关的项目,了解我们周围的用电习惯,根据我们每月实际消费的电量和所交纳的费用,了解我们当地电力公司所实行的用电收费标准,并根据这些内容来设计相关的节约用电的标语,使更多的人合理用电、科学用电。

以生活中普遍存在的"家庭用电"这一主题为切入点,为学生们搭建了一个可以将所学到的数学知识运用到实际工作中的情境,并指导他们在这个情境中对概念、问题进行界定、思考、建立和假设。

以下是学生们制订的数学项目式学习规划。

项目驱动问题:如何科学用电?

子问题1:现在我们身边的人的用电习惯是什么?表现出怎样的趋势?

(1) 明确研究目的和对象。

(2) 问卷调查。

(3) 对调查问卷进行分析、整理和优化,从中找出目前的用电习惯、趋势和问题。

子问题2:目前,我们的电费有哪些?它的数学模式如何?

(1) 对周边居民的月用电情况进行实地考察,并对他们的月用电情况进行详细的分析。

(2) 根据两个定量的关系,结合实际用电量和费用,得出一个有关的数学模型。

子问题 3：节能标语的设计。

（1）制定节能标语。

（2）走进大众生活，宣传节能和环境保护的思想。

子问题 4：项目效果的呈现。

（1）通过对大众用电习惯和实际用电成本的比较，得出大众用电习惯的改变。

（2）对该数学项目的影响进行评价。

从上述学生所设计的项目报告中，我们可以看到，它很好地结合了数学项目式学习活动。在此过程中，不仅能够加深对所学一次函数的认知与理解，更重要的是使对生活中的数学问题的探索能力、自主探索与解决实际问题的能力和合作沟通能力得到良好的锻炼与发展，进而推动学生在学习与成就之间的平衡，真正地达到了数学核心素养的数学建模及数据分析的培养目的。

（二）由数学项目推动逻辑推断及直观想象

俗话说，合作的威力无穷，在合作过程中，大家的思想和智慧会迸发出巨大的火花，从而促使每个人都能体会到合作的可贵之处，不断地取得更大的进步和发展。初中的数学专题教学也是如此。在项目式学习中，如果仅仅依靠学生一人的能力，有时候会很难完成特定的项目，这样就会导致项目效果流于形式，而学生自身也很难在其中得到对核心素养的有效锻炼和发展。

在这种情况下，笔者觉得，初中数学教师在引导学生进行项目式学习时，必须将团队合作的方式与之相融合，使学生们在团队的集体智慧下，朝着一个方向不断地前进，通过顺利地进行项目式学习，加深对数学的理解，促进数学核心素养的形成。

比如，在讲完"轴对称图形"相关内容之后，就让学生们自行组成一个研究小组。学生们按照彼此之间的关系、学习能力、执行能力等标准，分成 8 个小队，各自选出一名小队长。这样，一个学生小组就成了一个项目小组，在同一个项目小组中，学生们都会积极地进行合作，而在不同的项目小组中，则会有一些既相互独立又紧密合作的情况发生。最后，各项目小组通过共同研讨，以群策群力的方式，结合各自的具体状况，制订出合乎逻辑的项目实施方案。

以下仅以某一项目小组的活动计划为例加以阐述。

项目驱动问题：指尖上的数学——发现轴对称图形中的美。

子问题1：在我们的生活中，什么东西是以轴线为中心的？

（1）对日常生活中普遍存在的物体进行仔细的观测，并对其进行判定。

（2）它们能为我们带来美感吗？请举例解释。

（3）这种轴对称的图案与我国优秀的传统文化有何关系？你可以参考一下有关的信息。

子问题2：轴对称图案的设计和制作。

（1）尝试使用周围可以找到的材料来设计和制作轴对称的图形，需要充分发挥自己的想象能力，设计和制作出来的图案既要漂亮，又要与轴对称的特点相吻合。

（2）将与此有关的关于轴对称图的知识作为一种数学日记进行记载。

在以上研究计划的推动下，每个项目小组成员都可以进行合理的分工，彼此之间可以进行紧密的合作，有的时候，他们会分享自己的探索成果和心得，有的时候，他们会以小组为单位，共同讨论当前存在的问题，并重点考虑怎样才能对该项目展开最大程度的优化。可以说，在这种教学方法下，学生的经历与智力都会被浓缩，他们会主动去思考问题，自己动手去做，从而有更多的收获。在项目式学习中，有力地展示了学生在逻辑推理和直观想象上的进步和发展。在此基础上，项目小组提出了"以项目为中心"的实施方案。

（三）由数学项目落实数学抽象及数学建模

虽然随着时间的推移，初中阶段的学生对外部事物的认知能力、自主探索能力、小组合作与交流能力等都得到了很大的发展，但他们还处于心智未成熟的时期，对事情的思考往往不够透彻，有时他们的分析也不够深刻。这反映在初中数学的项目式学习活动中，往往会产生较大的作用，不能取得期望的良好教学效果。

所以，教师应当履行职责，运用自身的专长，指导、帮助学生，"指点迷津"，让学生更好地进行与数学主题的研究，实现学生的数学核心素养的有效培育与提升。在这个层次上，教师的引导也是实施教书与育人的有机统一中不容忽视的重要环节。

笔者结合自己多年从事初中数学教学的经验，就如何解决这个问题进行了一些探讨与尝试。例如，在"设计制作长方形包装纸箱"的项目式学习活动中，学生们设计了各种项目活动方案，下面为某一项目小组的活动探索计划。

项目驱动问题：设计制作长方形包装纸箱。

子问题1：你觉得在设计制作长方形的纸箱时，应该知道些什么？

（1）对生活中常见的长方形盒子进行仔细的考察。

（2）共同探索长方形包装纸箱的设计、制作过程中所需掌握的要素。

（3）通过合作讨论，归纳出长方形纸箱的设计和制作所需掌握的要素。

子问题2：亲自做实验，看一看长方形纸箱在打开后其表面的形态。

（1）将一个长方形的包装箱打开，并在它被分解之后，展平它的表面。

（2）探索打开后，长方形箱面的对称性，各部件与箱面之间的关系（位置对应、尺寸对应等）。

（3）对长方形包装箱打开后表面形态进行观测和思索。

子问题3：设计并制作一个长方形的包装纸箱。

到这里，学生们的项目方案和计划就告一段落了，虽然看上去很清楚，也很有条理，但我们仍然可以看出他们的缺陷，那就是他们忽略了对这一数学学习项目的深入思考、反思和总结。在此基础上，笔者适时地对学生进行了以下几个方面的附加提问：①设计、制作一个长方形的包装纸箱，其所使用的原料是最节约的吗？有没有什么更节省资金的办法呢？②运用什么数学原理设计并制作了这个长方形的包装纸箱？③在这次长方体的设计和制作过程中，你的感受和经验是什么？

随后，通过一些问题的设计，让学生们思考得更加深入，探究得更加深入，这对学生们来说，绝对是一种"画龙点睛"的效果，让教师在学生们的项目式学习中占据着重要的位置和影响，让学生们的项目式学习进一步深入，帮助学生们进一步发展数学核心素养中的数学抽象和数学模型，取得了较为理想的数学教学成果。

初中数学遇到项目式学习，就会绽放出别样的光彩，让学生收获知识、锻炼能力。

所以，我们初中数学教师要根据自己的数学教学实践，合理地引导学生进行数学项目式学习，将培养学生的数学核心素养作为最终目的，使他们可以用数学的视角来观察和思考，用数学的思维来对世界进行分析，用数学的语言来表达。

在今后的初中数学教学工作中，笔者将不断深入地探索核心素养视角下的初中数学项目式学习的策略，将其整理、总结成更加行之有效的教学方式，将初中数学教学与项目式学习有机地结合起来，让学生可以更好地掌握数学知识，深化他们对数学的认识，进而提高他们的数学核心素养。

第四节　核心素养视域下的初中数学大单元教学

大单元教学模式在近些年的发展中越来越受到重视，采用整体单元的方式，能够有效地改变过去零散的教学方式，从而提高学生的深度学习能力。要推动大单元教学模式的持续渗透，就要求初中数学教师不断提升自己的课堂教学水平，采取更为高效的大单元教学课堂建构方法，加深学生对数学理论知识的理解，增强其对数学的掌控力，进而打造高效的课堂，提升其数学核心素养。

一、核心素养教育开展的必要性

（一）新课改教育政策的要求

新课改教育政策的推行要求初中数学教师进一步注重对学生学科核心素养的培养，并积极采取有效可行的教学方式，提高学生的学科核心素养。拿方程教学作为一个例子，利用一种高效的公式教学模式，能够对初中生的学科思维进行有效训练，帮助他们深化对抽象理论知识的理解，从而提高他们的学科探索欲。在此基础上，运用科学的操作方法，强化了学生的操作技能，从而提高了他们的专业能力。

（二）数学学科核心素养的培养要求

为强化对学生数学学科核心素养的培养，在日常课程构建环节中，突出学生在课堂教学中的主体地位，结合学生的学习实际，进行合理的课堂教学设计，通过丰富的课堂教学实践活动，提升学生的综合实践能力。因此，这就要求初中数学教师在平时的课堂教学探究中，深入发掘课堂教学的优势和结合点，在大单元教学中，提升学生的学习核心素养。为此，要求初中数学教师针对学生进行学科核心素养的培育，对其进行精确的定位，并给予充分的鼓励，以提升其实际操作能力和学科整体素质，进而提升其学习成效。

（三）课堂教学自我优化的需求

随着新课改方针的持续推进，在学科核心素养培养模式的影响下，初中数学教师要合理建构课堂教学的实施方式，主动承担起课程优化改革的职责与任务。因此，这就要求教师要对自己的角色有一个正确的定位，积极地进行探究与实验，推动初中数学课堂的发展，让初中数学课堂有一个全新的面貌。

二、大单元教学模式的作用

(一) 帮助学生建立知识体系

就拿"方程"教学来说，大单元课程内容的教学要素模式，可以促进与方程有关的知识的有机结合，使教师能够从宏观的视角来整理知识，从而提高教学的有效性，同时也使学生能够从宏观的角度来把握方程的知识，使学生能够在宏观的基础上，构建出一套系统化的知识体系，从而深化对所学内容的理解与掌握，提高大单元的学习效果。另外，采用大单元教学的模式，有利于将零散的单元知识进行整合，使学生能够方便地进行学习，从而创造出更高质量的课堂教学模式。

(二) 提升学生的解题技巧

在平时的课堂教学活动中，初中数学教师要主动建立起大单元教学要素模型，将与大单元教学内容有关的一系列内容进行全方位的整合，并将其作为一种先决条件，进行一次统筹化的教学，从而使学生的解题技能得到最大程度的提高。在整合教学要素的时候，教师可以对学生进行指导，让他们对知识进行综合的复习，从而对知识有一个清楚的掌握。在教学设计阶段，初中数学教师可以将这些教学因素进行充分的联结，将教学知识的内容和解题技巧联系起来，从而帮助学生更好地了解所学的知识，让他们能够在例子的讲解中不断地加深自己的领悟，避免因为知识点太过单调而失去了学习的兴趣。

(三) 锻炼学生的数学思维能力

建立一个大单元教学要素模型，对促进学生的数学思考能力有着重要的作用，这就要求教师能够将学生们的学习热情发挥到最大限度，使学生们能够完全按照教师的解释来进行学习，从而深化学生们对知识的了解，并提高他们的应用程度。这种教学方法能够使数学知识的作用得到最大限度的体现，从而使学生的学科思维得到最大限度的发挥。为此，我们必须以大单元作为载体，进行高品质的实践性课程，促进学生思考能力的提高。

三、大单元教学模式的实践策略探究

（一）以思维导图为抓手优化知识的整合

在开设"方程"课时，要充分把握"单位公式"中各学科要素的特点，根据这些特点，合理地安排"活动"，从而达到促进学生职业技能发展的目的。在这个过程中，教师可以利用思维导图的教学方法，对公式进行系统的整合，并利用思维导图增强学生对知识的认识。

例如，在"一元一次方程"的课堂上，教师们就必须将思维导图纳入自己的课堂中，将与一元一次方程有关的基本要领一一列出，并将方程的概念、基本形式和解题步骤等内容与自己的思路结合起来。教师可以给学生画出一个大致的轮廓，然后让他们自己去完善，充实自己的思维导图。通过运用思维导图，加强对公式基本知识的了解与掌握，提高学生的学习能力。

（二）在方程计算题讲解中总结解题技巧

教师可以在讲解公式的基础上，系统性地归纳出公式中的解题方法，充分体现"数学公式"单元的课堂教学活动的作用，促进学生的学科思考和运算能力的发展。要充分融合大单元教学要素，开展优质的课堂教学，让学生准确地掌握公式计算题的解题方法与技能，增强对知识的理解与应用，培养其数学学科思维。

比如，在"二元一次方程"的课堂上，教师要给学生们准备一些有代表性的习作，通过习作的方式，将解题的理念融入其中，让学生们对二元一次方程组的解法有一个正确的认识。教师可以通过代入消元和加减消元对习题进行说明，使学生们掌握正确的解题方法，明确各类消元方法的使用情况，使学生们更好地了解解题流程，使学生们在掌握公式的同时，增强自身的学科素质。

（三）结合单元任务布置情境任务

笔者提出了一种大单元的研究思路，旨在为新课改提供理论指导和实践指导。教师可以利用小组学习的方法，设置清晰的单元任务，将学生分成若干个小组，并根据其学习实际，安排学习任务，使其充分地发挥创新意识和创造性思维，提高其数学学习的兴趣。

例如，在"数据图表"课中，教师可以结合本课的特点设置一组相关的练习，让学生收集相关的信息，归纳整理，绘制相应的统计学图形，让学生对所收集的信息形成一套完整的知识体系，并以此作为知识体系的指导，提升学生的数学学习水平。这对提高学生的自学能力和动手能力都是很有帮助的。

（四）开展学业测试

教师根据教学内容，定期进行学业考试，以全面了解、清楚掌握学生的学习状况，并对学生的真实水平进行测验。要求教师在开展学业测试之前，针对单元学习重难点展开系统讲解，让学生能够明确具体的检测内容。在完成了学业检测之后，教师要对学生的学习状况进行一次全面总结和系统评估，并提出一些具体的、切实可行的学习建议。教师要对单元设计教学的步骤有一个全面的认识，对单元设计教学的具体特征要有一个准确的把握，并将它与课程教学实践相结合，以此来体现出单元教学的优点，减轻教学压力，让学生们可以清楚地掌握单元学习的重点，从而提高他们的学习效率。

总之，为了建设一个高质量的大单元教学课堂，教师必须树立起对教学内容的正确认识，充分调动学生的课堂教学参与热情，让他们能够完全沉浸在课堂中。另外，教师要注意和掌握学科核心素养的培养目标，并根据这些目标进行活动设计，使学生在课堂上的主体地位得到最大限度的发挥。与此同时，教师们也要充分考虑学生的学习实际，用最合理的方法来呈现课堂上的教学内容，这样才能最大限度地发挥出教学的效果，使学生的整体素质得到提高。

第五节　核心素养视域下的初中数学支架式教学

一、支架式教学的内涵

在构建主义教育理论框架下，"支架式"教学又被称作"脚手架"，是一种比较成熟的教学方式。这种思想源于维果茨基的"最近发展区"，是一种可供选择的教学方式。他把个体的发展分为两个层次，首先是现实发展层次，即由于某些成熟的发展体系所导致的精神功能的发展层次；其次为潜力发展层次，即在自身所知道的基础上，利用别人的帮助，即所谓的"近期发展区"。

"近期开发区域"是指"未来开发水平与实际开发水平之间的差异"。

以"最近发展区"为中心，把学生从"现实发展层次"扩展到"潜力发展层次"。"支架式"课堂教学以学生为中心，以教师为主导。在教学活动中，教师既要重视学生的知识和技能，更要指导学生构建自己的知识体系，使他们学会自主学习，并在数学学习中引导学生形成自己的数学思维。

（一）搭建"脚手架"

在教学活动之前，教师应根据义务教育数学课程标准的教学目标，将教授的内容与学生的实际情况相结合，从构成要素和等级类别两方面对教学目标进行分解，选取适当的支架进行教学活动。框架的表达方式有：实例与问题、流程与图表等；具体的实现手段有：多媒体教学、直观教学工具等。教师要依据学生的"现实发展层次"与"潜力发展层次"，依据知识之间的内在关联，依据新课程的要求，为学生搭起"脚手架"，以提升知识与技能为重点。

（二）创设情境

问题情境的创设，就是教师在教学时，通过教学设计，设置特定的情境，将学生带入其中，使其产生疑惑，产生强烈的求知欲，引导其积极参与到探讨与思考中去。在设定情境时，要与学生的基本学情、教材内容和教学目标相结合，并符合他们的认识，这样的情境设定是一种很有新意的教学方法。良好的问题情境的生成是一个不断发展、不断完善的教育进程。比如，在人教版九年级数学上册一元二次方程知识的情境创设——人体雕像的设计中，第一节课通过情境的创设，可以得到一元二次方程的普遍形式；第二节课可以通过求人体雕像下部的高度，得到一元二次方程的现实意义。这种情境的设置，既激发了学生们的积极性，又使得两节课的教学有了很好的联系。

如果教师在创设情境的时候，能够把数学教学情境和现实生活结合起来，把教材中的知识融会贯通，并把学生的主体性发挥到最大，那么就会有更多的学生参与到课堂中来，从而提高他们对数学学习的兴趣。目前，多媒体技术更加有助于教师在课堂上创设教学情境，也更利于支架式教学的发展。

（三）独立探索

"教"的终极目标是"学"。独立探究是一个人的必备素质，由开始的依靠教师，到最后的独立探究，都离不开自己探究的能力。在开展"自主性"教学过程中，要科学地设定"自主性"教学目标。教师要根据学生的科研问题，给予他们适当的意见，引导他们进行独立思考，并主动提问，以达到培养自学能力的目的。当然，前提是要有基本的探索能力，教师在探索之前，应该先给学生提供一些基本的探索能力。因此，恰当地引导和启迪学生是开展探究式学习必不可少的教学活动。在必要时，教师应向学生们展示解决问题的方法。在教学过程中，要注重学生的自主性培养，让他们在自己的摸索中构建并尽可能地内化自己所学的知识系统。

（四）合作学习

在课堂中的合作学习，主要是教师通过语言和问题来启发学生的思考和兴趣，并对其进行指导和组织，使师生间、生生间通过讨论、合作、探究等形式，开展学习，以达到教学目的。在数学课堂中，合作学习是一种行之有效的课堂教学方式，可以提高学生的创造性思维。它不仅增强了学生们的沟通技巧，还增强了学生们的合作意识，极大地激发了学生们的学习热情。让学生学会融入特定群体，学会合作，是当代教学的主要目标之一。"支架式教学"既能让学生自己独立探索，又能让他们互相学习、互相合作，在互动中建立起自己的知识网络。在课堂教学中，教师应该增加支架式学习的设计，加强合作学习。

（五）效果评价

在课后，教师要让学生们对所学的东西做一个小结和评语，并让学生们互相评价。在此基础上，通过对学生的反馈进行适当的评价，并在此基础上对所学内容进行归纳。通过对所学内容的分析，引导学生进行反思，提出新的问题，从而实现对所学内容的扩展。当前的教学评估表现出了评价标准多样化、评价主体多元化和评价工具人性化的特征。为适应这种发展趋势，教师、教学管理者、学生个体以及学生群体等都应该对"支架式教学"进行评价。评价的方式有教师评价、学生自我评价、群组评价等。在"支架式教学"中，既要注意对学生知识掌握情况的考核，又要注意对学生态度、道德品质、创造力、心理品质的考核。在评价中，支持性评价是一种综合性、开放性和多样性的评价方法，它不仅关注学生的整体发展，也关注学生的个性发展。"支架式教学"评价法既注重评价结果，又注重评价过程，其目的在于促进学生的发展而不是筛选。

二、支架式教学的理论基础

(一) 认知结构理论

美国教育学家布鲁纳在关于学生认知结构的研究中提出了一个观点，即在学习新知识的时候，要进行有效的转换与吸收，同时要进行评估，以增强学习动机，而"学"又是这一观点的核心。在知识自身的构造方面，他主张接受知识的人应具备最起码的学习条件，也就是要掌握每一门学科的基本结构。

框架的形式类似于知识结构。本书是一部以课程为基础，将课程内容和教学方案框架有机地整合在一起的课程。在"先学后教"的过程中，对学习的认识需要深入了解学生发展特征，正确定位其所遇到的阻碍，这是一种认识能力的重要表现。维果茨基的"最近发展区"理论指出，在"以学生为中心"的教学模式之外，还应重视"合作学习"对于学生身体和心理的作用。教师要注意到学生在学习中出现的问题，要考虑问题，考虑怎样去解决问题，考虑以怎样的教学方式才能更好地帮助学生突破重点和难点。在此基础上，针对不同层次的学生，提出了相应的学习目标，以指导他们自身的发展。

(二) 有意义接受学习理论

"无意义学习"主张教师将教科书中的知识以权威性的形式呈现给学生，而不论他们的学习需求如何。只有将教师所传授的知识与自身的知识体系有机地联系起来，才能对所学习的知识有较好的理解。"无意义学习"这类让学生消极地接受知识的教学方法，违背了建构意义的基本原理。为了使学生更好地进行有效的、有意义的学习，就必须按照奥苏贝尔关于"学习"的分类，对师生在课堂中的特定行为进行研究。对初中生而言，"有意义"的"接受"是一种比较普遍的现象，学生能在课堂上表现出很高的积极性和主动性。在本次支架式教学中，最主要的体现就是有意义的学习接受。不同教师的教学风格和教学理念，也会对学生的文化素养产生一定的影响。因此，正确的运用可以发挥出积极的作用。

上述研究为建立在核心素养基础上的初中数学支架式教学设计提供了一定的理论依据。

三、支架式教学设计中核心素养具体化

（一）基于核心素养的支架式教学设计的意义

在新一轮的课改中，怎样培养和提升学生的核心素养，已引起了许多教育工作者的高度重视。因此，在当前的教学中，如何将其有效地渗透到教学中去，是一个迫切需要研究的课题。笔者认为，要想进一步拓展这一领域，就必须回归到课堂中去，这是一条有效的途径。教师在进行教学设计时，应认真考虑如何进行教学设计，从而更好地培养学生的数学核心素养。

数学核心素养是在数学课程中体现出来的，它包括了发展数学的思想、应用数学的方法。在衡量一个人的数学水平时，其所掌握的数学知识、所取得的成绩，已经不再是衡量一个人的数学水平的唯一标准。在进行教学设计时，要从表达能力、运算能力、思维能力、模型思想能力等多个角度出发，潜移默化地培养学生的数学核心素养。在课堂上，教师应为其设置合适的"支架"，使之更好地提供帮助。该教学方法有效地培养了学生的自主思维与合作学习能力。

（二）支架式教学设计中核心素养的具体化

在之前的理论部分，笔者认为，数学核心素养是在具备数学的专业知识和技巧的基础上，把数学表达能力、运算能力、思维能力和模型思维等内化于心，即便脱离了数学问题，也能发挥作用。在实际的教学中，因为很难测出学生的数学核心素养，所以，在学校教育中，最主要的还是要看对学生的数学核心知识和核心能力的培养，本书的支架式教学设计就是为了实现和提高学生的核心素养。

本文从数学的角度出发，在数学的表征、运算、逻辑思维和建模等方面具体阐述了数学的核心素养。主要目的就是要利用支架式教学设计，逐渐地提升学生的上述能力，从而达到培养他们的数学核心素养的目的。

1. 数学表征

数学表征，即数学表达能力。在许多人看来，数学就是一门以运算为主的学科。诚然，没有数感就没有数学，然而，正是因为这种错误的认识，许多教师在讲授中常常忽视了对学生数学表现的训练。学生在初中数学学习中之所以害怕函数和信息抽取，主要是因为他们的数学语言水平太低。在与学生的交流中，我们可以看到，在课堂上，学生由于对教材中的知识没有完全了解，很难

用数学的方式将问题表述出来。在教学中，要提高学生的数学表现技能，必须有教师的讲解与演示。在进行数学课堂教学的时候，教师要尽量地让学生使用更多的数学语言来进行表达，在训练他们的表达能力的时候，还要提高他们对信息的提取和处理能力，让他们能够更多地说话，更多地用数学的视角来看待问题。

2. 数学运算

运算在初中数学中占据着重要地位，教师要培养学生的数感和符号意识，培养学生的运算能力。在义务教育阶段，数学操作题的解题过程中需要将"定律"与"操作"相结合。在数学教学中，要采用行之有效的方法来提高学生的数学操作能力。在数学教学中，教师应该在课堂上尽量多设计一些与课程相关的算术题。

3. 逻辑思维

在编写初中数学课本时，要根据一定的逻辑思维，梳理出各个科目知识之间的联系，搭建联系的桥梁。从三角形全等到三角形相似，再到三角函数，从一次方程到二次方程，再到反比例函数，数学知识的学习是一个循序渐进的过程，这样的过程对学生的思维能力有着更高的要求。在教学中，教师要注重培养学生的逻辑能力，以现有的事实为出发点，以经验和直觉为依据，运用归纳和类比等推断出某些结论，并学会运用数学知识。数学核心素养的培养，强调教师不能只局限于课本上的知识，必须打破传统，在进行教学设计时，要重视发掘隐性知识，由浅入深，逐步推进，给学生更多展现自我的机会。

4. 数学建模

在初中数学的课堂上，在对学生进行计算技能训练的同时，还要对其进行建模思维的训练。由公式到函数、由等式到不等式的转换过程对学生的建模能力提出了很高的要求。从现实问题中提炼出数学模型，从而构建问题，最终实现问题的解决。无论是在情境创设中还是在问题求解过程中，都要对学生进行模式思维的训练。教学中，教师应鼓励学生建立等量关系，引导学生自己抽象出数学模型。

四、基于数学核心素养的支架式教学原则

笔者根据一线教学经验，在查阅支架式教学研究文献之后，对支架式教学原则进行研究，得出如下结论。

（一） 以学生为主体的原则

"以人为本"的思想在课堂教学中起着重要作用。不同的主题，会给学生提供完全不同的教学方案。在进行"以人为本"的课堂教学时，首先，教师要树立"以人为本"的教育观念。其次，要找出学生的"最近发展区"，以掌握他们的基础学习情况，并对他们的"潜力发展层次"进行分析。比如，在让学生去学习二元一次方程组的解法的时候，我们应该从学生的学习实际着手，认识到学生目前所掌握的知识是解一元一次方程，要想解决二元一次方程组，首先要做的就是将它转化为一元一次方程，而如何转化，就需要教师进行恰当的指导，最终将二元一次方程组的解法异化为学生的知识。在进行课堂教学之前，教师应该先对学生的知识水平展开一次全面的检测，之后再以学生目前所拥有的知识为基础，展开课程设计，并指导学生使用已经学过的内容来探究问题，这样更有利于学生掌握新的知识。再次，情境的设置要与学生的实际生活密切相关。一个好的课堂环境能使学生很快地融入课堂，激发他们的思维，使他们主动地投入课堂中。最后，使学生有一种成功的感觉。在进行教学设计时，教师所设置的情境问题应该能够让所有的学生都能够"蹦一蹦，摘桃子"，让他们在教学过程中得到满意的结果，从而激发他们积极参与课堂学习。

（二） 以问题为中心的原则

教学的最终目的是解答学生面对的问题。学生只有在发现新知识与他们以往的认知产生了冲突时，他们的好奇心才会被调动起来，从而实现对他们的数学知识的同化与异化。认知上的冲突产生于问题，问题产生对提高课堂效率具有重要意义。所以，我们在教授数学这门课程的过程中，要把重点放在问题的解决上。问题支架是支架式教学的一种重要方式，在支架式教学设计中，教师要将新的知识和课本中的知识转化为一个或多个支架问题，并根据问题的困难程度，将其在最近发展区内划分为多个问题。最后，通过独立探索、合作学习等方式，由简单到复杂，逐个解决，并在解决问题的同时，构建新的知识体系。例如，在探究二元一次方程组的解法时，要将学习内容转变为"如何将问题转化为已有知识？""在学过一元一次方程的解法后，我们可以将二元一次方程组转化为一元一次方程吗？""如何转化？""转化有几种方式？"等问题，让学生在解决问题的过程中，建立新知识，从而掌握二元一次方程组的解法。

（三）以情境化为依托的原则

支架式教学特别强调"情境性学习"，指的是根据所学知识和技能的发生、发展过程设计学习环境。其目的是将数学的学术形式转变为教育形式，展示知识背景，鼓励学生构建学习活动。在真实的生活中进行学习，能够使学生运用他们原来的认知结构中的有关经验，对目前所学的新知识进行吸收并对其进行索引，进而使新知识具有一定的意义。在进行教学设计时，以学生为出发点，以学生为中心，尽量为学生创设一个宽松、民主的学习情境和学习气氛，调动学生的学习热情，活跃学生的理性、经验和情感，让学生获得新知识，学会新方法，并在现实的情况下发展新的能力。在此基础上，需要通过"情"（情感、情绪等）的刺激来推动"意"（意志、毅力等）的开发与优化，从而形成良好的人格特质。

五、核心素养视域下的支架式教学设计策略

笔者根据支架式教学设计的原则，力图在教学设计中设计更好的教学方式以便培养学生的核心素养，因此提出了支架式教学设计策略。在此基础上，通过对课堂教学中存在的问题的研究，提出了解决问题的对策。在教学中，不仅要注重其所教授的策略，还要注重对其进行指导和培养，要根据自己的教学需要和实际情况，对各种可行策略的设计进行优化，并进行灵活的开发和应用。支架式教学课程在实践中应把握好创设"最近发展区"、注重搭建"脚手架"、创造真实"教学情境"等三个关键环节。

（一）合理利用数学教学过程中的"最近发展区"

1. 教学过程中创设"最近发展区"

在课程设置中，应注意到"现实发展层次"与"潜力发展层次"的差异。要实现从"现实发展层次"到"潜力发展层次"的平稳跃升，就需要对其先决条件进行细致的分析。以终极目的为出发点，运用递进式的方法，对学生的起始点进行研究，其本质就是寻找学生的"最近发展区"。只有掌握了学生的情况，才能进行有效的教育。在明确学生的起点、终点及必要条件后，对其进行分级，才能更好地进行教学。

2. 知识的学习中利用"最近发展区"

运用"最近发展区"建立一种认识上的不平衡状态，从而提高学生对数

学的兴趣。在这种情况下，学生的学习是一种认识上的均衡和不均衡的互动转换。在接受新知识的过程中，他们的精神会被不断地充实，从而达到认识上的短暂的平衡。在原有的均衡条件下，会激发出学习新知识的动机。

在数学学习中，由于学生的认识程度是由低到高、由简单到繁复的，所以在学习中，学习应与学生的认识程度相适应。此外，"最近发展区"并非一成不变，而是随着每个学生自身的认知程度而变动。因此，在课堂上，教师要不断地进行改革，充分地发挥其作用。比如：在学生得出了三角形的内角和是180度的情况下，要让他们提问"五边形的内角和是360度吗？""如果不是，那么它是多少？""那么，七边形与八边形的内角和又是多少？""任何一个多边形的内角和又该如何计算？"通过引导从"最近发展区"到"潜力发展区"，可以提高他们的学习热情。例如：

例1：求方程 $4x^2 = 81$ 的根。

例2：求方程 $(x+5)^2 = 25$ 的根。

例3：求方程 $x^2 + 2x + 1 = 4$ 的根。

例1可以用一种简单的、平整的方式来处理，在看完例1以后，学生们就会发现，例2和例1有很多相似之处，这就颠覆了他们的认识，例1是例2的前提，同样，例2也是例3的前提。例3中左边的形式是否可以转化为例2中左边的形式？这样就可以突破原有的认识，构建新的知识。没有第二个例子，仅从第一个例子直接到第三个例子，学生们就会手足无措。在此基础上，教师提出了一种具有新特点的新方法，并对其进行了系统研究。

（二）重视"脚手架"的搭建

高斯常说："当一座宏伟的高楼建立起来以后，每一位有尊严的设计师都会把原本不应该存在的脚手架拆除掉。"教育并不只是告知"什么是什么"，而是告知"为什么"。高斯关于拆掉脚手架的论述让后人感到疑惑，所以数学家阿贝尔在评价高斯的作品时说："他像一只狐狸，用尾巴抹平了自己在沙滩上行走的脚印。"笔者认为，在教学过程中，搭建"脚手架"应注意以下两点：

1. 根据教学内容和情境搭建合适的"脚手架"

数学是一门具有高度抽象性、严密逻辑性和灵活性的学科。数学一般表现为一个四维形式，不属于生产生活。很多知识都不能用生动的语言来形容，很多人都认为学习数学是一件很枯燥的事情。这就需要在教学过程中，根据教学内容、教学情境及学生的实际情况，进行灵活的选择与搭建。首先，针对高度抽象性的数学，在教学中应尽量结合生活实际，以浅显易懂的语言与工具，为学生搭建一座直观、易于理解的"架子"。其次，在对数学知识的严密逻辑性上，教师可以为学生提供一个有条理的知识框架，体现教师数学思维的严密性。最终，要实现数学与其他学科的柔性联系，就要搭建数学知识与其他学科的联系，指导与鼓励学生探究各学科间知识的复杂联系，使学生可以高效地求解变量应用问题，找到知识运用的灵活性，并拓展其思路的宽广性。

2. 根据学生的智力参与和感性体验来搭建"脚手架"

在数学课堂中，如果教师一成不变地采取教授讲例、学生模仿做题的策略，就会出现上课的时候，教师说的都能听懂，课上的练习题也会做，但是自己独处时就是不会做题的现象。其实，那些"听懂"和"会做"的学生，只不过是一种"临摹"而已，他们没有把自己的思想融入学习当中，学习数学，是一个要让学生自己动手的过程。数学教学不是向学生灌输概念、公式、定理以及解决问题的方法，它是让学生在数学教师的引导下，创设一个数学情境，让他们自己去探究和体会，让他们在独立探索和合作学习中，去发现和创造数学经验。在数学创作的过程中，教师会指导学生找到相关的概念、公式、定理以及解决问题的方法。

例如，在初中几何学中，圆的切线问题比较难，学生在解答该问题时，常常会出现"似有似无"的现象。所以，教师在讲授时，可以使用视觉化的表达方式，帮助学生理解圆形的切线的本质。在这个理论的指导下，学生可以运用绘图法，通过绘制各种线段来了解其切线特征。在教学中，教师要指导学生去发现和理解圆的切线的本质和规律。通过这门课，学生可以逐步构造出各种圆的切线，进而提高他们的图案识别与搭配能力，培养他们的想象力与创造力。通过外在活动的配合，可以达到内在活动的配合，从而推动思想的发展。"支架式教学"就是尽量让学生自己动手。

（三）创设有挑战性的教学情境

情境创设是根据课本的内容，并与学生的认知特点相联系，营造出一种情境与氛围，使学生能迅速地融入一个探究性的学习情境中，体验到学习的快乐，认识到生活的某些背景。情境创设有助于培养学生的创造性潜能，在教学中发挥出最大的作用。

数学家哈尔莫斯曾经说过："问题是数学的心脏。"在课堂教学中，教师应加强问题意识，重视为学生创设多元化的问题情境，通过一系列的思考，培养其创新思维和创新能力。在此基础上，对初中生进行了全面、系统的研究。

那么，什么样的"数学问题情境"才能发挥作用？即在"问题情境"中，如何才能使学生顺利跨越"最近发展区"？笔者认为，一个良好的问题情境，不仅要遵循教育目标、遵循数学学科特征来设计，具有数学的必要因素和必要形式，还要满足以下一些特征。

第一，可及性：在设计问题时，要与学生的一般认知规则、身心发展规律相一致，将学生的知识和经验、学习习惯、能力水平、生活经历和环境以及基本心理状态都包含在内。

第二，直观性：能将数学特征简洁明了地表现出来，使学生对数学的意义有一个更加直观的了解。

第三，开放性：提出的问题要能够从多个角度出发，从多个角度来分析，以发展学生的发散性思维。

第四，挑战性：通过创造具有高度挑战性的"问题情境"来激发学生的学习兴趣。

第五，体验性：在教室里，学生可以亲自参与对数学的研究中，比如公式的推导、证明、数学模型的构建等，学生可以享受数学的乐趣，并且可以通过数学的实验来表达自己的观点，解决自己的问题。

数学来自生活，因此，将学生们的生活作为材料来创设问题情境，可以更好地被学生们所接受和感知。与此同时，还可以让学生们从现实问题中提取出一些数学问题，对学生们的空间概念和抽象能力进行初步的培养，也对提升学生们的数学核心素养有很大的帮助。在情境分析中，初中生会自然而然地联想到运用方程来解决问题，但是，所列出的方程与之前学过的并不相同，这就会引起人们的认知冲突，从而激发人们对这个问题的探索欲望。

参考文献

［1］王继龙. 初中数学教学中问题能力培养策略探究［J］. 学周刊，2023（9）.

［2］陈东. 信息技术与初中数学教学融合探究［J］. 试题与研究，2023（2）.

［3］杨国栋. 初中数学教学中分层异步学习法的运用［J］. 数理天地（初中版），2023（1）.

［4］黄国华. 双减政策下的初中数学教学研究［J］. 数理化解题研究，2022（35）.

［5］王学济. "问题解决"模式下的初中数学教学研究［J］. 数理化解题研究，2022（35）.

［6］宋义龙. 核心素养视角下初中数学教学策略［J］. 甘肃教育研究，2022（11）.

［7］樊玉成. 浅析初中数学教学中促进学生发展的举措［J］. 读写算，2022（33）.

［8］卓磊. 初中数学教学中学生思维品质的培养探究［J］. 数学学习与研究，2022（33）.

［9］高楠. 初中数学教学设计中应用差异教育的实践研究［J］. 数理化解题研究，2022（32）.

［10］陆旭朝. 多媒体在初中数学教学过程中的有效运用［J］. 读写算，2022（32）.

［11］龙均维. 初中数学教学中融入数学文化元素的策略探究［J］. 试题与研究，2022（34）.

［12］林江文. 任务驱动教学法在初中数学教学中的应用［J］. 西部素质教育，2022（20）.

［13］范茜. 深度学习能力下的初中数学教学方略［J］. 教学管理与教育研究，2022（20）.

［14］王永刚. 初中数学教学与信息技术高效融合的实践研究［J］. 学周刊, 2022（31）.

［15］赵辉. 问题指引下的初中数学教学活动的开展［J］. 数理天地（初中版）, 2022（20）.

［16］师三分. 基于减负增效的初中数学教学策略探究［J］. 数理天地（初中版）, 2022（20）.

［17］魏浩武. 初中数学教学中学生创新思维能力的培养策略［J］. 新课程研究, 2022（28）.

［18］朱雨薇. 渗透数学基本思想, 优化初中数学教学模式［J］. 求知导刊, 2022（27）.

［19］黄勤程. 新课改下初中数学教学方法的改革与创新分析［J］. 学苑教育, 2022（27）.

［20］孙宽龙. 初中数学教学中学生思维品质培养探析［J］. 考试周刊, 2022（29）.